Richtige
Hundeernährung

Dr. med. vet. C. Thielen · Dr. med. vet. B. Dobenecker

Richtige Hundeernährung

FALKEN

Inhaltsverzeichnis

Das Wichtigste auf einen Blick

Einleitung

Der Hund ist bereits seit mehr als zehntausend Jahren domestiziert und dient dem Menschen seither als Hüte-, Wach- und Jagdhund und heutzutage vor allem als Freund und Begleiter. Da er sich heute in der Regel seine Nahrung nicht mehr selbst beschafft, ist es die Aufgabe des Menschen, für seine artgerechte Ernährung zu sorgen. Dies bedeutet eine große Verantwortung für den Hundebesitzer, denn man kann bei der Fütterung leicht Fehler machen, wenn man nicht einige Grundregeln beachtet.

Der beträchtliche Zuspruch, den die tierärztliche Ernährungsberatung erfährt, zeigt, dass Hundebesitzer sich dieser Verantwortung sehr wohl bewusst sind und ein enormes Informationsbedürfnis haben. Dieses Buch soll nun ein Grundwissen hinsichtlich der Ansprüche des Hundes an seine Nahrung vermitteln und häufig auftauchende Fragen beantworten. Nur ein richtig ernährter Hund kann sein ererbtes Potential voll ausschöpfen. Über eines muss man sich jedoch im Klaren sein: schneller und größer machen, als er von Natur aus ist,

kann man seinen Hund durch die Fütterung nicht. Allerdings können durch Fehler in der Ernährung Wohlbefinden, Gesundheit und Leistungsfähigkeit des Hundes sehr wohl beeinträchtigt werden.

Ein Jagdhund bei der Arbeit

Der Hund – ein Beutetierfresser

Aus dieser Formulierung lässt sich unschwer ersehen, dass der Hund kein reiner Fleischfresser ist. Er benötigt für eine gut funktionierende Verdauung neben Fleisch auch pflanzliche Stoffe und natürlich Mineralien und Vitamine. Alle diese Nährstoffe sind in seiner natürlichen Nahrung enthalten. Deutlich wird dies, wenn man den Vorfahr unseres Haushundes, den Wolf, und sein Nahrungsspektrum betrachtet. Wölfe fressen nicht nur das Fleisch ihres Beutetieres, sondern ebenso Knochen, Blut, Innereien und zum Teil den Inhalt von Magen und Darm. Außerdem nimmt der Wolf gelegentlich auch Früchte, Blätter und andere pflanzliche Bestandteile auf.

An der Funktion des Verdauungstraktes hat sich durch die Domestikation nicht viel geändert. Dass der Hund von der Natur für das beschriebene breite Nahrungsspektrum ausgerüstet ist, beweist die Ausstattung seines Verdauungssystems, angefangen vom Maul und den Zähnen, die zum Reißen der Beute wie auch bis zu einem gewissen Grad zum Kauen und Zermahlen pflanzlicher Bestandteile geeignet sind, bis hin zum Darm und zu den Verdauungssekreten.

Wölfe fressen das gesamte Beutetier

Die Zusammensetzung der Nahrung

Energie und Nährstoffe

Jedes Lebewesen benötigt Energie, um Leistungen wie z.B. Bewegung, Wachstum und Fortpflanzung erbringen zu können und seinen Stoffwechsel aufrechtzuerhalten. Diese notwendige Energie erhält der Hund aus der Verbrennung von Fett, Kohlenhydraten und Eiweiß, alles Nährstoffe, die er mit der Nahrung aufnimmt.

Fette

Sie liefern Ihrem Hund einige für ihn lebensnotwendige Nahrungsbestandteile wie bestimmte Fettsäuren (= Bausteine der Fette) und die Vitamine A, D und E, die nur in Fett enthalten sind. Dabei genügen schon kleine Mengen, um den Bedarf an diesen essentiellen Bestandteilen zu decken. Vor allem dienen Fette jedoch als Energielieferanten.

Wichtig: Da Fette sehr gut verwertet werden und äußerst energiereich sind, können sie auch beim Hund – wie beim Menschen – als Dickmacher oder als Kalorienbombe wirken.

Kohlenhydrate

Die meisten Kohlenhydrate sind pflanzlichen Ursprungs. Zu ihnen zählen alle Zucker (auch Milchzucker) und ebenso pflanzliche Energiespeicherformen wie Stärke. Im Hundeorganismus werden Kohlenhydrate überwiegend zur Energiegewinnung genutzt. Allerdings kann der Hund aufgrund seiner eingeschränkten Ausstattung mit kohlenhydratverwertenden Darmenzymen nicht unbegrenzt viel Kohlenhydrate vertragen. Deshalb sollen stärkereiche Futtermittel (z.B. Haferflocken) vor dem Verfüttern gekocht werden, da ihre Verträglichkeit dadurch deutlich verbessert wird.

Eiweiß

Die Eiweiße gehören zu den wichtigsten Bausteinen tierischer Gewebe und dienen dem Erhalt und dem Aufbau von Körpersubstanz. Chemisch setzen sie sich aus bis zu mehreren tausend Aminosäuren zusammen, die charakteristisch angeordnet und miteinander verknüpft sind. Einige dieser Aminosäuren sind für den Hund *essentiell,* d.h., sie müssen über die Nahrung zugeführt werden. Die anderen können, wenn ausreichend Bausteine im Organismus verfügbar sind, vom Hund selbst gebildet werden. Im Übermaß zugeführtes Eiweiß oder Eiweißabbauprodukte aus dem Stoffwechsel des Tieres werden in der Leber abgebaut und über die Niere ausgeschieden.

Weitere Nahrungsbestandteile

Außerdem sind in der Nahrung noch Bestandteile enthalten, die nicht in erster Linie der Energiegewinnung dienen, sondern andere Funktionen haben. Dazu gehören:

Faser- oder Ballaststoffe
Als Fasern werden in der Regel pflanzliche Gerüstsubstanzen *(Cellulose)* und andere schwer verdauliche Nahrungsbestandteile bezeichnet, häufig verwendet man für den Ausdruck „Faser" auch den Begriff „Ballaststoffe".
Für eine gesunde Verdauung ist eine gewisse Menge an Ballaststoffen erforderlich, bei einigen Krankheiten werden sie sogar gezielt im Rahmen einer Diät eingesetzt.

Mineralstoffe
Unter diesen Begriff fallen alle lebensnotwendigen Mengen- und Spurenelemente wie
◆ Calcium
◆ Phosphor
◆ Magnesium
◆ Natrium
◆ Kalium
◆ Eisen
◆ Zink
◆ Kupfer usw.

Alle diese Mineralstoffe müssen dem Hund entsprechend seinem Bedarf über die Nahrung zugeführt werden. Wie viel er von den einzelnen Mineralien benötigt, variiert je nach Lebensalter und Leistung des Tieres. So braucht z.B. der wachsende Hund erheblich mehr Calcium und Phosphor als der erwachsene.

Vitamine
Sie werden vom Körper zur Aufrechterhaltung vieler verschiedener Körperfunktionen benötigt. Einige Vitamine kann der Hundeorganismus selbst bilden, die meisten muss er jedoch über die Nahrung aufnehmen.

Kleine Futtermittelkunde

Fertigfutter oder selbst zubereitetes Futter?

Diese Frage kann man nicht pauschal beantworten, denn beide Möglichkeiten haben Vor- und Nachteile, sodass jeder für sich selbst eine Entscheidung treffen muss.

Geben Sie Ihrem Hund ausschließlich Fertigfutter, so müssen Sie sich in der Regel keine Gedanken darüber machen, ob er auch wirklich alles bekommt, was er braucht. Die Bezeichnung „Alleinfuttermittel für Hunde" darf laut deutschem Futtermittelrecht nur auf solchen Produkten stehen, die alle lebensnotwendigen Nährstoffe in ausreichenden Mengen enthalten (siehe Kapitel „Alleinfutter für Hunde" Seite 18 ff.).

Wichtig: Futtermittel für andere Tierarten sollten Sie dem Hund nur ausnahmsweise geben, da die Nährstoffgehalte nicht unbedingt seinen Bedarf decken. Katzenfutter enthält beispielsweise meist weniger Calcium (absolut und auch im Verhältnis zum Phosphor) und ist daher etwa für Welpen und Zuchthündinnen ungeeignet.

Wollen Sie das Futter selbst zubereiten, so sind gewisse Grundkenntnisse über die Fütterung von Hunden Voraussetzung, denn man kann leider viele Fehler machen. Grundsätzlich können Sie Ihren Hund mit Fertigfutter ebenso ausgewogen ernähren wie mit selbst zubereitetem Futter. Es gibt nicht die einzig wahre Methode, auch wenn dies immer wieder von verschiedenen Seiten behauptet wird. Damit Sie sich leichter für die eine oder andere Variante entscheiden können, sollten Sie für sich die folgenden Fragen beantworten:

Besitze ich genügend Kenntnisse, um meinen Hund selbst bedarfsgerecht zu ernähren?
Sie müssen über die richtige Nahrungszusammensetzung und -zubereitung sowie über den Bedarf des Tieres Bescheid wissen. Der Hund stellt in verschiedenen Altersstufen bzw. bei bestimmten Leistungen besondere Ansprüche an die Nahrung, die berücksichtigt werden müssen (siehe Kapitel „Ernährung in besonderen Lebens- und Leistungssituationen" Seite 59 ff.).

Wie viel Zeit kann oder möchte ich in die Fütterung meines Hundes investieren?
Beim Selbstzubereiten sollten Sie sich darüber im Klaren sein, dass dies einige Zeit braucht. Es ist natürlich wesentlich einfacher und weniger zeitaufwendig eine Packung Fertigfutter zu öffnen und in den Napf zu füllen, als Einzelfuttermittel vorzubereiten, abzuwiegen, zu mischen und meist auch noch zu kochen. Sind Sie berufstätig oder anderweitig stark eingebunden und ist die Freizeit bereits knapp, dann sollten Sie abwägen, ob Sie die Zeit statt für die Futterzubereitung nicht lieber für Spaziergänge oder für Spiel- und Streichelstunden nutzen. Natürlich bleibt noch die Möglichkeit, ab und zu große Mengen zu kaufen, zu verarbeiten und dann portionsweise einzufrieren. Auf jeden Fall müssen Sie auch Ausnahmesituationen einkalkulieren, in denen Sie weder die Zeit noch die Möglichkeit haben, das Futter für

Ihren Hund selbst zuzubereiten oder zu lagern, wie etwa im Urlaub. Hier bietet sich die Verwendung von Fertigfutter – besonders von Trockenfutter – an, was dann unter Umständen einen Futterwechsel nötig macht (siehe dazu Seite 29).

Stehen mir gute Bezugsquellen in meiner Umgebung zur Verfügung?
Zunächst gilt es abzuklären, ob Sie überhaupt in Ihrer Nähe regelmäßig Frischfleisch beziehen können und wenn ja, zu welchen Konditionen. Dabei sollten Sie sich als erstes über die Qualität des Fleisches informieren: Wie viel Fett, Bindegewebe, Knochen oder Ähnliches ist enthalten und eventuell noch vor dem Verfüttern zu entfernen (siehe Kapitel „Selbst zubereitetes Futter" Seite 29 ff.)? Sind die Schlachtabfälle sauber und wirklich frisch bzw. werden sie richtig gelagert?

Welche Möglichkeiten der Lagerung von Futtermitteln habe ich?
Möchten Sie das Hundefutter selbst zubereiten und vielleicht jeweils größere Mengen herstellen, dann müssen Sie die Möglichkeit für eine einwandfreie Lagerung besitzen. In der Regel wird das Futter nach der Zubereitung portionsweise luftdicht verpackt (also z. B. in Kunststoffbehältern oder in Plastikbeuteln verschweißt) und dann tiefgefroren. Die nötigen vitaminierten Mineralfutter (siehe dazu Kapitel „Ergänzungsfutter" Seite 21 ff.), sollten Sie erst direkt vor der Fütterung zusetzen, damit die Nährstoffe nicht durch den Gefriervorgang in ihrer Wirksamkeit beeinträchtigt werden.

Wie viel darf die Fütterung des Hundes kosten?
Vor allem bei größeren Hunden und bei solchen mit einem hohen Energiebedarf lohnt sich ein Preisvergleich. Trockenfutter ist in der Regel deutlich günstiger als Dosenfutter, ebenso auch das Selberkochen bei Verwendung preiswerter Ausgangsmaterialien und bei günstigen Einkaufsmöglichkeiten. Am besten berechnen Sie sich die Kosten für eine Tagesration und vergleichen dann.

Fertigfutter

Der Markt bietet eine nahezu unüberschaubare Vielfalt an Futtermitteln an. Es gibt unter anderem
◆ Alleinfutter (Trocken- und Feucht-, sprich Dosenfutter; ist am meisten verbreitet)

Das Angebot an Fertigfuttermitteln ist äußerst vielfältig

◆ Ergänzungsfutter (zum Mischen mit anderen Komponenten)
◆ Snacks und Belohnungen
◆ zahlreiche Vitamin- und Mineralstoffprodukte

Was muss auf der Packung stehen?

Auf jeder Futtermittelpackung müssen bestimmte Angaben vermerkt sein:

◆ Verwendungszweck (vom Gesetzgeber vorgeschrieben, z. B. „Alleinfutter für Hunde" oder „Getreideflocken für Hunde zur Ergänzung von Fleischrationen")
◆ Mindesthaltbarkeitsdatum
◆ Hersteller bzw. Importeur
◆ Rohnährstoffgehalte (Fett, Protein, Faser, Asche und Feuchtigkeit)

◆ Zusammensetzung in der Reihenfolge der verwendeten Menge (hier darf die Gruppendeklaration verwendet werden, d. h. auf der Verpackung steht dann z. B. lediglich „Fleisch und tierische Nebenerzeugnisse". In diesem Fall kann also Muskelfleisch enthalten sein oder Innereien, Tiermehl und Fleischbrühe)
◆ Zusatzstoffe
◆ Gewicht

Weitere Angaben wie Gehalte an Mineralstoffen oder Vitaminen und Hinweise zur sachgerechten Anwendung sind freiwillig; nur bei Diätfutter ist die Deklaration von Nährstoffen, die bei dem speziellen Anwendungsgebiet interessieren, vorgeschrieben.

Was muss auf der Verpackung stehen?

Angabe	Beispiel
Verwendungszweck	Alleinfutter für Hunde, Tiernahrung
Inhaltsstoffe	Rp: 8%, Rfe: 5%, Rfa: 0,5%, Ra: 1,2%, Feuchtigkeit 75%*
Zusatzstoffe	Vitamin A 3500 IE/kg
Zusammensetzung	Fleisch und tierische Nebenerzeugnisse, Mineralstoffe und pflanzliche Nebenerzeugnisse
Mindesthaltbarkeitsdatum	Oktober 1997
Menge	Nettogewicht 400 g
Hersteller	XY GmbH, 12345 Z-stadt, Straße/Postfach

*Rp = (Roh-)Protein (Eiweiß), Rfe = (Roh-)Fett, Rfa = (Roh-)Faser, Ra = (Roh-)Asche (Mineralstoffe)

Wichtig: Gesundheitsbezogene Werbung auf der Packung ist verboten; Ausnahmen stellen Diätfuttermittel dar sowie Hinweise auf Nährstoffmangelsituationen und deren Verhütung.

Der Wassergehalt eines Futters (als Feuchtigkeit angegeben) muss, sobald er unter 14% liegt, nicht auf der Verpackung vermerkt werden. Hier handelt es sich dann um Trockenfutter. Bei Feuchtfutter liegt der Wassergehalt meist zwischen 70 und 83% (zum Vergleich: der Feuchtigkeitsgehalt von magerem Rindfleisch beträgt 73%).

Nicht unbesehen kaufen

Beim Kauf sollten Sie auf die korrekte Deklaration, das Herstellungs- bzw. Verfallsdatum und auf die Unversehrtheit der Verpackung achten. Stark aufgewölbte Dosen können auf eine sogenannte Bombage hinweisen, d.h., der Inhalt ist eventuell verdorben. Allerdings kommen diese Fälle ganz selten vor. Beim Öffnen einer solchen Dose bemerkt man sofort den ekelerregenden Geruch. Natürlich sollte dieses Futter nicht verfüttert werden. Die Hersteller ersetzen derartige Produkte in der Regel, da solche Pannen auch bei korrektem Produktionsablauf passieren können.

Aber auch die Verpackung von Trockenfutter, Mineralfutter oder Ähnlichem sollte unbeschädigt sein, denn durch kleine Löcher können Feuchtigkeit oder Vorratsschädlinge eindringen. Dies kann Nährstoffverluste und Hygienemängel zur Folge haben.

Neben der Überprüfung der Deklarationstreue und der Unversehrtheit der Verpackung ist auch ein

Vergleich der Nährstoffgehalte verschiedener Produkte sinnvoll, der sich allerdings in der Regel leider nicht direkt anhand der Angaben auf der Packung durchführen lässt. Möchten Sie nun wissen, ob ein bestimmtes Trockenfutter z.B. mehr oder weniger Eiweiß enthält als Dosenfutter, dann müssen Sie eine kleine Umrechnung vornehmen. Ein Dosenfutter mit 80% Wasser enthält nämlich prozentual weniger Nährstoffe, nämlich nur in den verbleibenden 20% Trockenmasse, als ein Futter, dem zur Konservierung Wasser entzogen wurde und das somit zu ca. 90% aus Trockenmasse besteht. Dafür benötigt ein Hund pro Tag auch mehr Feucht- als Trockenfutter zur Deckung seines Energiebedarfs, da Wasser bekanntlich nicht satt macht. Um also einen Vergleich bei unterschiedlichem Wassergehalt durchführen zu können,

Es gibt Trockenfutter (links) und Feuchtfutter (rechts)

muss man die Menge an Fett, Eiweiß usw. auf die Trockenmasse beziehen. Das geht ganz einfach nach folgender Formel:
Der Nährstoffgehalt, der auf der Verpackung angegeben ist, wird mit 100 multipliziert und durch einen Wert dividiert, den man erhält, wenn man von 100 den auf der Futterpackung angegebenen Feuchtigkeitsgehalt abzieht; das Ergebnis bezeichnet den Nährstoffgehalt in % der Trockenmasse.

Berechnung:

$$\frac{\text{Nährstoffgehalt lt. Verpackung x 100}}{100 - \text{Feuchtigkeitsgehalt}}$$
= Nährstoffgehalt in % der Trockenmasse

Beispiel: Vergleich zwischen dem Eiweißgehalt von Dosenfutter X und Trockenfutter Y:
Deklaration Dosenfutter X:
◆ Rohfett 5%
◆ Rohprotein 8%
◆ Rohasche 2%
◆ Rohfaser 0,3%
◆ Feuchtigkeit 80%

Berechnung:

$$\frac{8\% \text{ Rohprotein x 100}}{100 - 80\% \text{ Feuchtigkeitsgehalt}}$$
= 40% Eiweiß in der Trockenmasse

Deklaration Trockenfutter Y:
◆ Rohfett 10%
◆ Rohprotein 25%
◆ Rohasche 7%
◆ Rohfaser 2,5%
◆ Feuchtigkeit nicht angegeben (10% angenommen)

Berechnung:

$$\frac{25\% \text{ Rohprotein x 100}}{100 - 10\% \text{ Feuchtigkeitsgehalt}}$$
= 28% Eiweiß in der Trockenmasse

Diese Beispielrechnung zeigt, dass hier das Dosenfutter vergleichsweise mehr Eiweiß enthält.

Alleinfutter für Hunde
Diese Produkte garantieren laut Futtermittelrecht bei ausschließlicher Verwendung die Deckung des Nährstoffbedarfs des Hundes in allen Altersstadien und bei jedem Leistungsgrad, sie eignen sich also sowohl für Welpen kleiner und großer Rassen als auch für trächtige Hündinnen (Produkte siehe Kapitel „Spezialfuttermittel für bestimmte Altersstufen und bei speziellen Leistungen"

◼ *Alleinfuttermittel eignen sich für Hunde in allen Lebensphasen*

Seite 24 ff.). Das bedeutet, dass ein gesunder Hund sein Leben lang mit einem solchen Futter ernährt werden kann, ohne einen Mangel zu erleiden. Folglich sind aus medizinischer Sicht beim gesunden Hund keinerlei Ergänzungen notwendig, weder zusätzliche Vitamine und Mineralstoffe noch das tägliche Ei. Ausgewachsenen Hunden im Erhaltungsstoffwechsel (siehe Kapitel „Die Fütterung des erwachsenen Hundes" Seite 55 ff.) werden durch das Alleinfutter zwangsläufig einige Nährstoffe im Überfluss zugeführt, was sich aber bei einem gesunden Tier nicht negativ auswirkt.

Wichtig: Aufpassen müssen Sie, wenn Sie Alleinfutter mit Reis, Getreideflocken, Speiseöl oder Ähnlichem mischen. Füttert man nämlich zu viel zusätzlich, so „verdünnt" man die Nährstoffdichte. Wird ein zu großer Teil des Energiebedarfs durch diese Zusätze gedeckt, dann fehlt beispielsweise Calcium, da die meisten Einzelfuttermittel (auch Milchprodukte!) calciumarm sind. Gerade wenn ein hoher Bedarf an einem bestimmten Nährstoff besteht, wie etwa bei Welpen an Calcium, können Mangelsituationen mit schweren Schäden entstehen.

Als **Faustregel** für erwachsene Hunde ohne besondere Leistungen (= Erhaltung) gilt:
◆ Bei *Feuchtalleinfutter* maximal $1/4$ unmineralisierte Einzelfuttermittel zumischen.
◆ Bei *Trockenalleinfutter* maximal $1/3$ unmineralisierte Einzelfuttermittel zumischen.

Alle anderen Hunde mit erhöhtem Nährstoffbedarf (Welpen, tragende und säugende Hündinnen, Sport- und Arbeitshunde) sollten entweder
◆ Spezialfutter erhalten,
◆ ausschließlich mit dem Alleinfutter gefüttert werden oder aber
◆ eine genau berechnete Mischung von Einzelfuttermitteln unter Ergänzung fehlender Nährstoffe z. B. durch vitaminierte Mineralfutter bekommen (siehe Kapitel „Selbst zubereitetes Futter" Seite 29 ff. bzw. entsprechendes Spezialkapitel „Ernährung in besonderen Lebens- und Leistungssituationen" Seite 59 ff.).

Beim Verabreichen von *Feuchtfutter* müssen Sie beachten, dass es an der Luft – also sobald die Dose geöffnet ist – schnell verderben kann. Frisst der Hund eine Portion nicht innerhalb von etwa 1 Stunde auf (bei warmer Umgebungstemperatur kann diese

Welpen haben einen höheren Nährstoffbedarf als erwachsene Hunde

Zeit auch kürzer sein), dann sollten Sie den Rest entweder in Kühlschrank geben und später erneut anbieten oder ihn gleich wegwerfen.

Die Menge pro Mahlzeit muss also dem Appetit des Hundes angepasst werden, d.h., Sie sollten die nächste Ration um die Menge, die nach etwa 1 Stunde noch im Napf gewesen ist, reduzieren.

Da *Trockenfutter* durch Wasserentzug konserviert wird (Verderbniserreger brauchen einen Feuchtigkeitsgehalt von mehr als 14%), kann man es länger im Napf belassen.

Wichtig: Erhält Ihr Hund vorwiegend Trockenfutter, so muss er unbedingt stets frisches Wasser zur freien Verfügung haben.

Ergänzungsfutter

Es ist – wie der Name schon sagt – nur zur Vervollständigung einer Ration geeignet.

Unser Tipp

Wollen Sie Ihrem Hund Futter zur freien Aufnahme bereitstellen, eignet sich Trockenfutter am besten, das Sie aber natürlich nicht einweichen dürfen.

Wichtig: Ergänzungsfutter ist kein Alleinfuttermittel, sondern Mischfutter. Es stellt nur eine Komponente einer vollständigen Tagesration dar.

Es gibt beispielsweise **Getreideflocken** (aus Hafer, Weizen oder Ähnlichem), die mit Feuchtalleinfutter gemischt werden können, oder auch solche, die für die Kombination mit Fleisch gedacht sind. Die Beachtung des angegebenen Verwendungszweckes ist also wichtig, da es auf die Zusammensetzung ankommt. So müssen Flocken zur Ergänzung von Fleischrationen höhere Mineralstoff- und Vitamingehalte aufweisen als die zum Mischen mit Alleinfutter. Bei anderen Produkten kann es sich auch um lediglich aufgeschlossene Getreideflocken (die Flocken werden so behandelt, dass die in ihnen enthaltene Stärke verdaulich ist – Beispiel: Kochen von Kartoffeln, roh sind sie unverdaulich) ohne Zusatz von Mineralstoffen oder Vitaminen handeln; eine Orientierung ist durch den Vergleich der *Calcium-* und *Phosphorgehalte* möglich:

◆ Soll eine Fleischration ergänzt werden, dann sollte der Calcium- den Phosphorgehalt deutlich übersteigen. Beispiel: Produkt Y: 2,5 % Calcium (2 500 mg/100 g Produkt) 1 % Phosphor (1000 mg/100 g)
◆ Flocken zum Mischen mit Alleinfutter enthalten geringgradig mehr Calcium als Phosphor. Beispiel: Produkt X: 1 % Calcium (1000 mg/100 g Produkt) 0,8 % Phosphor (800 mg/100 g)
◆ Gänzlich unmineralisierte Produkte haben einen niedrigen Mineralstoffgehalt mit Phosphorüberhang. Beispiel: Produkt Z: 0,08 % Calcium (80 mg/100 g Produkt) 0,23 % Phosphor (230 mg/100 g)

Stellen Sie Ihrem Hund eine Mahlzeit aus Fleisch und unmineralisiertem Ergänzungsfutter zusammen, so müssen Sie immer durch ein passendes Mineralfutter ergänzen; zu Mischungen mit Alleinfutter siehe voriges Kapitel. Entsprechendes gilt auch für Ergänzungsfuttermittel aus Reis, Gemüse und Nudeln oder für Mischungen daraus.

Haferflocken

Die Zutaten sind oft gepoppt (= gepufft; Reis, Mais), gekocht und gefriergetrocknet (Nudeln, Gemüse), mikronisiert (Getreide) oder ähnlich hitzebehandelt, da dadurch gute Verdaulichkeit gewährleistet ist, ohne dass man sie vor dem Verfüttern kochen muss.

Vitamin- und Mineralstoffmischungen

Hier gibt es eine Fülle von Produkten auf dem Markt (Beispiele siehe Übersicht auf Seite 25). Die Zusammensetzung kann sehr unterschiedlich sein, folglich auch die Verwendungsmöglichkeiten. Es gibt keine guten oder schlechten Produkte, sondern nur für einen bestimmten Verwendungszweck passende oder nicht passende. Bekommt Ihr Hund beispielsweise Schlachtabfälle mit Leberanteil,

dann ist ein Mineralfutter mit hohem Vitamin-A-Gehalt ungünstig; erhält er aber Pansen und Haferflocken, braucht er genau ein solches Produkt. Grundsätzlich gilt, dass bei *Alleinfuttergabe* in der Regel *kein Zusatz* von Mineralstoff- oder Vitaminmischungen nötig ist. Auch bei Hunden in besonderen Lebensabschnitten und Leistungsstadien (Wachstum, Zucht, Arbeit) muss ein Alleinfutter alle Nährstoffe in ausreichenden Mengen liefern (siehe Kapitel „Alleinfutter für Hunde" Seite 18 ff.).

Wichtig: Ein Zuviel kann bei einigen Nährstoffen negative Folgen haben, wie etwa bei Vitamin A. Produkte mit hohem Vitamin-A-Gehalt (Leber, Lebertran, einige Vitaminpasten und -tabletten) sollten Sie daher sparsam einsetzen, besonders wenn Sie ein Alleinfutter geben.

In der Übersicht auf Seite 25 f. finden Sie einige häufig eingesetzte Vitamin- bzw. Mineralstoffpräparate mit Angaben zu ihrer Verwendung. Bei den Rationsvorschlägen in den Kapiteln „Fütterung des erwachsenen Hundes" (Seite 55 ff.) bis „Fütterung des alten Hundes" (Seite 74 ff.) wurden auch diese Mineralfuttersorten berücksichtigt. Wenn Sie die Deklara-

Unser Tipp

Da bei Nährstoffen wie beispielsweise den B-Vitaminen, keinerlei negative Wirkungen bei einer Überversorgung bekannt sind, können Sie Bierhefetabletten, die viele Hunde als Leckerli sehr schätzen, ohne Bedenken zusätzlich zu einer vollständigen Ration verfüttern.

Spezialfuttermittel für bestimmte Altersstufen und bei speziellen Leistungen

Neben Alleinfuttermitteln für Hunde werden auch Spezialprodukte angeboten, die genau abgestimmt sind auf den jeweiligen Bedarf von
◆ Welpen
◆ Senioren
◆ tragenden/säugenden Hündinnen
◆ ausgewachsenen Hunden im Erhaltungsstoffwechsel

tion dieser Produkte mit anderen auf dem Markt befindlichen vergleichen, können Sie deren Eignung einschätzen, da sie bei vergleichbarer Zusammensetzung entsprechend zu verwenden sind.

Wichtig: Verwenden Sie kein Mineralfutter, das für andere Tierarten als Hund und Katze gedacht ist. Gemeint sind „Geheimtips" wie beispielsweise Mineralfutter für Schweine. Einerseits ist die Zusammensetzung für den Hund nicht unbedingt günstig, andererseits sind häufig sogenannte Leistungsförderer („Masthilfsmittel") enthalten, die für den Einsatz beim Hund weder geeignet noch erlaubt sind. Nicht zu empfehlen ist auch die Verwendung von Knochen als Mineralstoffergänzung (siehe hierzu auch Kapitel „Selbst zubereitetes Futter", Seite 29 ff.).

Wichtig: Sie müssen nicht unbedingt Spezialfuttermittel verwenden, aber wenn, dann keinesfalls für andere Zwecke als den angegebenen!

Besonderheiten beim Nährstoffbedarf in Relation zum Erhaltungsbedarf:
◆ bei Welpen während der Aufzucht: höherer Bedarf an Energie, Eiweiß (hochwertig), Mineralstoffen und Vitaminen
◆ bei Zuchthündinnen: höherer Bedarf an Energie, Eiweiß, Mineralstoffen und Vitaminen
◆ bei Senioren: geringerer Bedarf an Energie, Mineralstoffen (excl. Zink), höherer Bedarf an Vitaminen und Eiweiß (hochwertig)
◆ bei Leistungshunden: höherer Bedarf an Energie, einigen Mineralstoffen und einigen Vitaminen

Beispiele für Vitamin- und/oder Mineralstoffprodukte

Produkt und Hersteller	Zusammensetzung	Eignung
Vitakalk® Fa. Vitakraft	21% Calcium 10,5% Phosphor u.a. Mengen- und Spurenelemente sowie Vitamine	zur Ergänzung selbst hergestellten Futters
Welpisal® Fa. Hoechst	20,7% Calcium 9% Phosphor u.a. Mengen- und Spurenelemente sowie Vitamine	zur Ergänzung selbst hergestellten Futters
Welpisaletten® Fa. Hoechst	5,9% Calcium 2,9% Phosphor u.a. Mengen- und Spurenelemente sowie Vitamine	zur Ergänzung selbst hergestellten Futters (aufgrund rel. geringer Gehalte an Calcium und Phosphor nur für Hunde mit mäßig hohem Bedarf wie ausgewachsene Hunde kleiner und mittlerer Rassen, Welpen kleiner Rassen)
Korvimin® H+K WdT (Wirtschaftsgenossenschaft deutscher Tierärzte)	9,6% Calcium 3,2% Phosphor u.a. Mengen- und Spurenelemente sowie Vitamine	zur Ergänzung selbst hergestellten Futters (aufgrund mäßiger Gehalte an Calcium und Phosphor nicht für Hunde mit extrem hohem Bedarf wie Welpen großer Rassen)

Beispiele für Vitamin- und/oder Mineralstoffprodukte

Produkt und Hersteller	Zusammensetzung	Eignung
VMP®-Tabletten Fa. Pfizer	5,4% Calcium 4,2% Phosphor hohe Gehalte an einigen Spurenelementen und Vitaminen u. a.	bei Mangel an bestimmten Elementen und Vitaminen
Calcium Carbonat/Futterkalk Apotheke oder Zoogeschäft	36% Calcium (reines Calciumpräparat)	nur zur Calciumergänzung in speziellen Fällen

Die besonderen Nährstoffansprüche des Hundes in bestimmten Lebensabschnitten sind bei der Verfütterung eines Spezialproduktes in der Regel reichlich erfüllt. Die zusätzliche Gabe einiger Nährstoffe (z.B. Calcium bei Welpen) kann daher schnell zu einer Überversorgung mit zum Teil ernsten Folgen führen. Daher sollten Sie gegebenenfalls Ihre Tierärztin fragen, ob sie eine solche zusätzliche Gabe für erforderlich hält.

Belohnungen und Leckerlis
Mit Snacks und Leckerlis können Sie einerseits eine gute Mensch-Hund-Beziehung untermauern (manchmal besonders, wenn Schmusestunden oder Spaziergänge ausnahmsweise etwas knapp ausfallen), andererseits können Sie sie gezielt bei der Ausbildung einsetzen. Es gibt Hundekuchen oder Ähnliches, aber auch getrocknete Naturprodukte wie Pansen, Ochsenziemer, Schweineohren oder Büffelhaut. Die letzteren muss der Hund häufig länger „bearbeiten", und sie können daher gut zur Beschäftigung und ein wenig auch zur Zahnreinigung verwendet werden.

Wichtig: Tischreste als Leckerlis verbieten sich, wenn der Hund dadurch zum Betteln erzogen wird, wenn die

Getrocknete Naturprodukte: sie dienen als Belohnung, als Beschäftigung und als Knabberspaß

Nahrungsmittel gewürzt sind (vor allem salzige Kost ist ungünstig) oder wenn ungekochte Produkte vom Schwein verfüttert werden (Gefahr der Übertragung der Aujeszkyschen Krankheit z. B. durch Mett oder durch rohe Wurst, siehe dazu auch Kapitel „Selbst zubereitetes Futter" Seite 29 ff.). Nicht alles, was für den Menschen gut ist, vertragen auch Hunde!

Aber *Vorsicht:* Viele dieser Snacks sind Kalorienbomben! Ein kleines Beispiel soll das verdeutlichen: Eine Scheibe Brot mit Leberwurst hat immerhin so viel Energie wie ca. 200 g Quark oder Hüttenkäse, wie 300 g Kartoffeln oder Nudeln oder sogar wie 1 kg Möhren. Also setzen Sie solche „Häppchen" gezielt und in Maßen ein.

Unser Tipp

Bei Trockenfutter können Sie von der abgemessenen Tagesmenge eine kleine Portion abnehmen und diese dann als Belohnung verabreichen. Auf diese Weise lässt sich ein Zuviel an Kalorien vermeiden.

Diätfuttermittel

Diese Futtermittel sind für ganz besondere Anwendungsbereiche konzipiert. So gibt es etwa Diäten, die bei Herzschwäche, bei Harnsteinen oder bei Übergewicht einzusetzen sind. Entsprechend dem Grad einer Erkrankung gibt es aber auch innerhalb der Anwendungsbereiche Abstufungen: Ein Hund mit ersten Anzeichen einer Nierenschwäche braucht eine leichtere Diät als einer im fortgeschrittenen Stadium einer solchen Erkrankung.

Ob nun eine Diät gehalten werden soll und wenn ja, welche und über welchen Zeitraum hinweg, muss der behandelnde Tierarzt nach einer eingehenden Untersuchung entscheiden. Er klärt Sie auch über Diätsünden und ihre Folgen auf und sagt Ihnen, wie Sie bei Futterverweigerung und Ähnlichem Abhilfe schaffen können.

Wichtig: Keinesfalls sollten Sie Ihrem Hund selbst eine Diät „verschreiben", womöglich nach Übertragung medizinischer Grundsätze, die nur für andere Tierarten oder für den Menschen gelten. Falsches Diätfutter kann großen Schaden anrichten! Fragen Sie also vor dem Einsatz eines Diätfuttermittels auf jeden Fall den behandelnden Tierarzt.

Selbst zubereitetes Futter

Das Futter selbst zusammenzustellen bietet Ihnen die Möglichkeit, auf den individuellen Bedarf Ihres Haustieres einzugehen. Außerdem können Sie Vorlieben und auch Abneigungen Ihres Hundes berücksichtigen. Obwohl er ja vom ernährungsphysiologischen Standpunkt her nicht unbedingt auf abwechslungsreiches Futter angewiesen ist, schadet es ihm nicht, verschieden zusammengesetzte Rationen zu erhalten. Bitte achten Sie aber darauf, nicht allzu krasse Futterwechsel durchzuführen (z. B. Umstellung von extrem fettreich auf sehr kohlenhydratreich), da dies unter Umständen den Magen-Darm-Trakt Ihres Hundes überfordert. Das kann sich z. B. als Durchfall bemerkbar machen!

Wichtigste Voraussetzung für das Selbstkochen sind gewisse Grundkenntnisse über die Bedürfnisse des Hundes, um die richtigen Einzelkomponenten im entsprechenden Verhältnis miteinander kombinieren zu können und so eine ausgewogene und artgerechte Versorgung zu erreichen.
Für einen erwachsenen Hund könnte eine selbst zusammengestellte Ration unter Berücksichtigung des Bedarfs und der Zusammensetzung der Einzelfuttersorten etwa folgendermaßen aussehen:

◆ 60–70% Rindfleisch, beispielsweise Gulasch
◆ 30–40% gekochte Kartoffeln
◆ 2% Sonnenblumenöl
◆ + 0,5 g Vitakalk® pro kg Körpergewicht

Konkrete Rezeptvorschläge mit Hinweisen zur Futtermenge finden Sie im Kapitel „Fütterungspraxis" ab Seite 38.
Aus Zeit- und Kostengründen bevorzugen es viele Hundebesitzer, gleich größere Mengen einer Ration zu kochen und dann portionsweise einzufrieren. Es muss nicht jede Mahlzeit frisch zubereitet werden.
Im Folgenden werden die am häufigsten verwendeten Futtermittel kurz charakterisiert und eventuell notwendige Zubereitungen angegeben.

Eiweißreiche Futtermittel

Fleisch und Innereien

Futtermittel, die von Tieren stammen, zeichnen sich in der Regel durch einen hohen Eiweiß- und Fettgehalt aus. Sie enthalten nur wenig Kohlenhydrate und (bis auf ungewaschenen Pansen) keine Ballaststoffe. Der Gehalt an Mineralstoffen und den Vitaminen A, D und E ist eher gering (Ausnahmen: Mengenelemente in Knochen, Spurenelemente in Leber). Im Allgemeinen werden diese Futtermittel von Hunden sehr gern gefressen.

Wichtig: Kochen oder braten des Fleisches bzw. der Innereien verringert die Gefahr der Übertragung infektiöser Erkrankungen. Denken Sie daran, dass Produkte, die vom Schwein stammen, **niemals roh** verfüttert werden dürfen!

Futtermittel tierischer Herkunft eignen sich normalerweise nicht als Alleinfutter für den Hund, sondern müssen immer noch durch ein vitaminiertes Mineralfutter und ein pflanzliches Futtermittel ergänzt werden.

Fleisch sollte stets gebraten oder gekocht verfüttert werden

◆ *Mageres Muskelfleisch*
Dazu gehören Schnitzel von Rind und Schwein, Geflügelfleisch, Kaninchenfleisch, Pferdefleisch und Herz
besondere Eigenschaften: hoher Eiweißgehalt, gute Eiweißqualität, sehr gut verdaulich
Zubereitung: braten oder kochen

◆ *Kopffleisch und Gulasch vom Rind*
besondere Eigenschaften: Muskelfleisch mit höherem Fettanteil und etwas mehr Bindegewebe, ist daher kalorienreicher als mageres Muskelfleisch, gut in Kombination mit Reis, Kartoffeln oder Getreideflocken
Zubereitung: braten oder kochen

◆ *Fetter Schweinebauch*
besondere Eigenschaften: sehr energiereich und im Vergleich zu Muskelfleisch eiweißärmer, sehr gut verdaulich, muss durch eiweißreiches Futtermittel ergänzt werden
Zubereitung: braten oder kochen (unbedingt erforderlich! Gefahr der Übertragung der Aujeszkyschen Krankheit!)

◆ *Hühnerfleisch (Muskelfleisch)*
besondere Eigenschaften: sehr hoher Eiweißgehalt, gute Eiweißqualität, fettarm (bei Verfütterung der Haut und der zwischen Haut und Muskel gelegenen Fettpolster steigt der Fettgehalt entsprechend)
Zubereitung: braten oder kochen

Hühnerfleisch

◆ *Leber*
besondere Eigenschaften: ähnlicher Nährwert wie mageres Muskelfleisch, arm an Calcium, jedoch reich an Phosphor und an verschiedenen Spurenelementen (Kupfer, Eisen und

Zu viel Leber ist ungesund

Zink) sowie an Vitaminen (vor allem an Vitamin A, B_2, B_{12} und Niacin), wird in der Regel sehr gern gefressen, daher gelegentlich bei „Problemfressern" empfehlenswert
Zubereitung: braten oder kochen

Wichtig: Bei einseitiger Verfütterung von Leber besteht die Gefahr einer Überversorgung mit Vitamin A. Daher sollten maximal 5 % Leber in der Ration enthalten sein.

Pansen schmeckt fast jedem Hund

◆ *Pansen, grün und gewaschen*
besondere Eigenschaften: hoher Bindegewebsanteil im Eiweiß – das Bindegewebseiweiß enthält wenig wertvolle Aminosäuren und ist schwer verdaulich, daher niedrigere Eiweißwertigkeit, wird meistens sehr gern gefressen, Mineralstoffgehalte im ungewaschenen Pansen zwar etwas höher als im Fleisch, aber dennoch nicht ausreichend für bedarfsdeckende Versorgung
Zubereitung: roh lassen oder kochen

◆ *Schlund und Gurgel vom Rind*
besondere Eigenschaften: besteht in der Regel aus Speiseröhre, Luftröhre und eventuell Anteilen der Lunge, Zusammensetzung unterschiedlich je nach Menge des anhaftenden Muskel- und Fettgewebes, eventuell güns-

Unser Tipp

Wenn Sie im Kochwasser von Fleisch die Beilagen (z. B. Kartoffeln oder Reis) kochen bzw. wenn Sie das Bratenfett dem Kochwasser oder der fertigen Ration beigeben, erreichen Sie eine deutliche Geschmacksverbesserung; die Verwendung des Bratenfetts ist allerdings nur angesagt, wenn Ihr Hund ein schlechter Fresser ist.

Milch vertragen Hunde schlecht, dagegen sind Jogurt und Quark bekömmlich

tige Effekte hinsichtlich der Zahn-reinigung
Zubereitung: roh lassen oder kochen

Wichtig: Knorpelige Luftröhrenringe müssen Sie längs aufschneiden, damit sie sich nicht über die Zunge des Hundes stülpen können.

◆ *Milch*
besondere Eigenschaften: zwar rela-tiv calciumreich, doch wegen des ho-hen Gehalts an Milchzucker nur sehr begrenzt verwendbar, daher nicht als Calciumergänzung für calciumarme Rationen geeignet, arm an Spurenele-menten
Vollmilch: sehr energiereich aufgrund des hohen Fettgehalts, Butterfett ist aber nicht besonders verträglich für Hunde

Magermilch: eiweißreich
Verwendung: nur gekocht, in gerin-gen Mengen eventuell günstig als Geschmacksverbesserer (z. B. Flocken darin einweichen)

◆ *Quark, Hüttenkäse und Jogurt*
besondere Eigenschaften: enthalten hochwertiges Milcheiweiß, aber nicht so viel Milchzucker wie Voll- oder Magermilch, und sind daher sehr gut verträglich, Energiegehalt abhängig vom Fettgehalt
Verwendung: als hochwertige, gut verdauliche Eiweißquelle

◆ *Hühnerei*
besondere Eigenschaften:
Eiklar: hoher Gehalt an sehr hoch-wertigem Eiweiß, aber auch mit schädlichen, die Verdauung von

Eiklar nie roh verfüttern!

33

Eiweiß und Biotin (= B-Vitamin) einschränkenden Stoffen, die durch Erhitzen inaktiviert (unwirksam gemacht) werden
Eidotter: sehr fettreich
Zubereitung:
Eiklar immer kochen!
Eidotter roh lassen oder kochen

Energiereiche Futtermittel
Die wichtigsten Energiequellen für den Hund sind **Kohlenhydrate** (vor allem Stärke) und **Fette.** Stärke stammt vorwiegend aus Getreide und Kartoffeln, als Fette kommen in erster Linie Pflanzenöle zum Einsatz, tierische Futtermittel sind je nach Herkunft sehr fettreich (z. B. Schweinebauch, Eidotter usw.).
Die meisten der unten beschriebenen Energielieferanten sind mineralstoffarm (vor allem calciumarm!). Sie eignen sich sehr gut zur Ergänzung von Fleisch oder anderen eiweißreichen Futtermitteln, müssen jedoch unbedingt durch ein entsprechendes vitaminiertes Mineralstoffpräparat ergänzt werden.
Einiges im Handel befindliche, vorbehandelte Einzelfutter wie z. B. Getreideflocken ist bereits mit Mineralstoffen und Vitaminen versetzt. Beim Verwenden derartiger Produkte muss man natürlich entsprechend weniger vitaminiertes Mineralfutter zugeben. Lesen Sie daher sehr genau die Hinweise auf der Verpackung (siehe auch Kapitel „Was muss auf der Verpackung stehen?" Seite 15 f.).

◆ *Kohlenhydratreiche Futtermittel*
Von einigen stärkereichen Getreide- und Gemüsesorten sind getrocknete Fertigprodukte im Handel erhältlich, die bereits durch Hitze und/oder hohen Druck behandelt und auch haltbar gemacht sind, z. B.
◆ gepoppter Mais
◆ mikronisierte Getreide- oder Gemüseflocken
◆ vorgekochte und dann gefriergetrocknete Produkte – auch bei Fleisch und Innereien

Das Erhitzen ist notwendig, damit der Hund die Stärke besser verdauen kann (siehe dazu auch Seite 23). Wenn Sie rohe, nicht vorbehandelte Einzelkomponenten verwenden, müssen Sie sie daher kochen oder dünsten.

◆ *Reis, Haferflocken, Mais, sonstiges Getreide*
besondere Eigenschaften: energiereich aufgrund des hohen Stärkegehalts, enthalten auch pflanzliche Ballaststoffe

━━━ *Gekochter Reis ist eine hochwertige Energiequelle, auch bei Schonkost*

Zubereitung:
Reis: kochen (z. T. auch fertig gepoppt = erhitzt im Handel)
Haferflocken: auch trocknen oder einweichen
Getreide (z. B. Weizen): als Flocken (Achtung: erhitzt und nicht erhitzt! Deklaration beachten!) im Handel

◆ *Weizenkleie*
besondere Eigenschaften: sehr faserreich, sehr phosphorreich, niedrige Verdaulichkeit, reguliert Dickdarmtätigkeit, sehr gute Eignung für Diätzwecke (vor allem für Hunde, die zu Übergewicht neigen!); hoher Anteil in der Ration beeinträchtigt die Schmackhaftigkeit
Zubereitung:
roh (wie gekauft) verfüttern

◆ *Brot, Nudeln*
besondere Eigenschaften: eiweiß- und mineralstoffarm, Vollkornprodukte etwas faser- und mineralstoffreicher als Produkte aus geschältem Korn, stärkereich
Zubereitung:
Brot: (erhitzen bereits beim Backen erfolgt): besser altbacken als ganz frisch, aber unbedingt hygienisch einwandfrei (ohne Schimmel oder Ähnliches) verfüttern
Nudeln: kochen

◆ *Kartoffeln*
besondere Eigenschaften: energiereich, aber nur, wenn sie gekocht sind! Kartoffeln sind zwar eiweißarm, dafür ist das enthaltene Eiweiß aber sehr hochwertig(!), hoher Kaliumgehalt
Zubereitung: kochen

━━━ *Kartoffeln müssen vor dem Füttern gekocht werden, sonst sind sie unverdaulich*

◆ *Möhren*

besondere Eigenschaften: enthalten β-Carotin (= Vorstufe des Vitamin A), das vom Hund zur Vitamin-A-Bildung verwendet werden kann

Zubereitung: In mäßigen Mengen, die von Körpergröße und Gewöhnung des Tieres abhängen, kann man Karotten roh verfüttern, sonst müssen sie gekocht oder gedünstet bzw. als fertige Karottenflocken beigemischt werden

Obst kann als kleine Zwischenmahlzeit gegeben werden

◆ *Obst*

besondere Eigenschaften: hoher Wassergehalt (z. B. bei Äpfeln und Birnen), teilweise hoher Energiegehalt (z. B. bei Bananen), eventuell gelegentlich als kleine Zwischenmahlzeit

Zubereitung: roh lassen, Bananen eventuell dämpfen

Möhren enthalten Ballaststoffe, die die Darmflora günstig beeinflussen

◆ *Gemüse und Salat*

besondere Eigenschaften: sehr wasserreich und reich an Ballaststoffen, daher nicht besonders gut verdaulich und entsprechend geringer Eiweiß- und Energiegehalt, relativ hoher Vitamingehalt

Zubereitung: roh lassen oder dünsten, teilweise auch als Flocken verabreichen

Wichtig: Obst ist keinesfalls zur ausschließlichen Vitaminergänzung geeignet.

◆ *Fette*

besondere Eigenschaften: Die meisten Fette sind gut verträglich und verdaulich und daher wertvolle Energieträger vor allem für Hunde mit einem sehr hohen Energiebedarf (z. B. säugende Hündinnen). Die Zusammensetzung der Fette schwankt allerdings etwas je nach ihrer Herkunft. Der Gehalt an den sogenannten essentiellen Fettsäuren und die Kettenlänge (d.h. die Länge des Kohlenstoffgerüstes) der einzelnen Fettsäuren bestimmen die Eignung der Fette: Ein hoher Gehalt an essentiellen Fettsäuren wirkt sich häufig günstig auf den Fellglanz aus.

Butter: enthält viele kurzkettige Fettsäuren und ist daher weniger gut verträglich

Vorsicht: *Öle und Fette sind Kalorienbomben!*

sonstige tierische Fette: höchster Gehalt an essentiellen Fettsäuren in Fischöl, geringster in Rindertalg
Pflanzenöle: enthalten viele ungesättigte Fettsäuren und sind sehr gut verträglich
Verwendung: abhängig von Größe und Alter des Hundes sowie von der Größe der Futterration; Orientierung bieten die Rezeptvorschläge ab Seite 51

Wichtig: Ranziges Fett soll nicht verfüttert werden!

Wegen der zahlreichen Risiken ist die Verfütterung von Knochen nicht empfehlenswert!

Mineralstoffreiche Futtermittel
Knochen oder Knochenmehl
besondere Eigenschaften: sehr reich an Mineralstoffen, können jedoch dramatische Verstopfungskoliken verursachen, außerdem besteht erhöhtes Verletzungsrisiko bei Verfütterung von splitternden, scharfkantigen Knochen; Markknochen können sich über Zunge oder Unterkiefer schieben.

Unser Tipp

Zur Mineralstoffergänzung sollten Sie individuelle Produkte oder beim Tierarzt erhältliche Präparate verwenden.

Fütterungspraxis

Grundsätzliches

Bei der Fütterung des Hundes sollten Sie nach Möglichkeit folgende Grundregeln beachten:

◆ Füttern Sie den Hund stets zur gleichen Zeit und am selben Ort

◆ Suchen Sie als Fütterungsort eine Stelle aus, die dem Tier jederzeit frei zugänglich ist und an der es sich wohl und ungestört fühlt

◆ Lassen Sie selbst den Hund ungestört fressen und halten Sie dazu auch alle Familienmitglieder an

Unser Tipp

Wenn Sie den Hund beim Fressen auch nicht stören sollen, so ist es andererseits trotzdem sinnvoll, bereits dem Junghund beizubringen, dass er nicht aggressiv reagieren darf, wenn ein Mensch ihm den Fressnapf wegnimmt. Dies hilft auch beim Festlegen der Rangordnung (der Mensch steht über dem Hund) und kann, wenn gelegentlich geübt wird, diese Rangordnung immer wieder festigen.

◆ Begrenzen Sie die Futtermenge, damit Ihr Hund nicht zu dick wird, sondern sein Normalgewicht hält

◆ Halten Sie mehrere Hunde, und die Tiere konkurrieren um das Futter, müssen Sie sie an verschiedenen Plätzen füttern, denn auch das rangniedrigere hat das Recht auf ungestörte Futteraufnahme.

Die *Anzahl* der täglichen Mahlzeiten des gesunden Hundes hängt von Alter, Rasse und Leistungsstadium ab; Angaben zu diesem Punkt stehen in den jeweiligen Kapiteln zur praktischen Fütterung (ab Seite 55).

Wichtig: Achten Sie – vor allem bei großen Rassen – unbedingt darauf, dass sich das Tier nach der Fütterung 2 bis 3 Stunden lang nicht körperlich anstrengt, sondern die zur optimalen Verdauung nötige Ruhe erhält.

Die richtigen Futtergefäße

Als Futtergefäß (auch für Wasser) eignen sich Näpfe, die sich gut reinigen lassen und nicht zerkaut werden können. Falls Sie mehrere Hunde halten,

Futternäpfe sollten so schwer sein, daß sie nicht hin und her geschoben oder herumgetragen werden

muss jedem ein eigener Futternapf zur Verfügung stehen.

Wichtig: Zu einer hygienisch einwandfreien Fütterung gehört auch die regelmäßige und gründliche Reinigung des Napfes, denn Futterreste bilden einen ausgesprochen idealen Nährboden für zahlreiche Bakterien und Pilze.

Der Hund darf nicht zu viel fressen

Die meisten Hunde neigen dazu, mehr zu fressen, als sie benötigen, und können dann leicht zu dick werden. Daher sollten Sie Ihrem Hund nur eine begrenzte Futtermenge und diese auch nur für eine bestimmte Zeit anbieten. Lediglich Hunde mit sehr hohem Energiebedarf, Hunde, die schlecht fressen, und sogenannte schlechte Futterverwerter sollten ganztägig Futter in ihrem Napf vorfinden. Für diese Fälle eignet sich allerdings nur uneingeweichtes Trockenfutter. Jedes andere (mit höherem Wassergehalt) verdirbt zu rasch. Daher sollte man feuchtes Futter, das nach ca. 1 Stunde noch nicht gefressen wurde, wegnehmen und lieber später noch einmal frisches Futter geben.

Im Kapitel „Ernährung in besonderen Lebens- und Leistungssituationen" finden Sie Rezeptvorschläge mit Empfehlungen für Tagesgesamtmengen (siehe Seite 62/63, 71/72, 76/77). Wenn Sie mehrere Mahlzeiten pro Tag verabreichen, müssen Sie die Menge natürlich auf diese Anzahl verteilen.

Wichtig: Die Mengenangaben sind nur Richtwerte! Die „Feineinstellung" müssen Sie für Ihren Hund selbst vornehmen, denn wie beim Menschen gibt es auch beim Hund individuelle Schwankungen des Energiebedarfs.

Die Futtermenge stimmt, wenn der Hund sein Normalgewicht hält. Anhand einfacher Kriterien kann der Ernährungszustand beurteilt werden:
◆ Beim normalgewichtigen Hund sind der Rippenbogen, die Rippen, die Hüfthöcker und das Brustbein gut zu fühlen und nur von einer dünnen Fettschicht bedeckt.
◆ Bei kurzhaarigen Rassen sollten die Rippen und der Rippenbogen auch ansatzweise sichtbar sein.

Im Alter von 1 bis 1,5 Jahren (bei kleinen Rassen früher) hat der Hund in der Regel sein Normalgewicht erreicht. Dieses Gewicht sollten Sie aufschreiben und sich in Zukunft daran orientieren.
Kontrollieren Sie es regelmäßig entweder durch Wiegen (den Hund allein oder erst sich selbst ohne Hund und dann mit ihm auf dem Arm) oder durch Messen des Brustumfangs (immer an derselben Stelle etwa eine Handbreit hinter den Ellenbogenhöckern). Wenn Sie Schwierigkeiten

Das Gewicht des Hundes sollte alle 2 bis 3 Wochen kontrolliert werden

damit haben, den Ernährungszustand Ihres Hundes einzuschätzen, fragen Sie einfach Ihre Tierärztin oder Ihren Tierarzt. Dort oder bei den Züchterverbänden erhalten Sie auch Informationen über rassespezifische Besonderheiten.
Hat Ihr Hund einen höheren bzw. einen niedrigeren Energiebedarf als normal, d.h., benötigt er mehr bzw. weniger Futter, dann sollten Sie dennoch die Mengenverhältnisse gleich lassen. Die Menge an vitaminiertem Mineralfutter darf hingegen nicht verändert werden. Angaben zur Zubereitung der einzelnen Komponenten finden Sie im Kapitel „Selbst zube-

Gönnen Sie Ihrem Hund nach der Fütterung eine Ruhepause

reitetes Futter" (Seite 29 ff.). Beachten Sie bei den Rezeptvorschlägen, dass sich die Mengenangaben für Reis bzw. Haferflocken immer auf die ungekochten Zutaten beziehen, die natürlich vor dem Verfüttern gekocht werden müssen.

Eine Tabelle zur Umrechnung der Grammangaben in handelsübliche Größen finden Sie auf Seite 90 ff.

Gefahr der Magendrehung

Diese sehr plötzlich einsetzende, lebensbedrohliche Erkrankung tritt vor allem bei älteren Hunden großer, tiefbrüstiger Rassen auf. Die genauen Ursachen sind nicht bekannt. Man nimmt aber an, dass die Aufnahme großer Mengen eines gärfähigen Futters die Entstehung der Erkrankung begünstigen kann.

Bei entsprechend veranlagten Hunden können Sie einige Vorkehrungsmaßnahmen treffen:

◆ Verteilen Sie die tägliche Futtermenge auf drei Mahlzeiten pro Tag.
◆ Gewähren Sie dem Hund nach der Fütterung eine ausreichend lange Ruhepause – möglichst 2 bis 3 Stunden.
◆ Kohlenhydratreiches Trockenfutter, sollten Sie vor dem Verfüttern in Wasser einweichen.

Eine Garantie, dass bei Beachtung dieser Hinweise eine Magendrehung nicht auftritt, kann natürlich nicht gegeben werden. Zumindest haben Sie dann aber alles unternommen, was nach heutigem Stand des Wissens das Risiko einer Magendrehung verringern kann.

Futter nicht zu kalt anbieten

Bei der Fütterung sollten Sie darauf achten, dass das Futter nicht direkt aus dem Kühlschrank in den Napf kommt. Besser ist es, dem Hund das Futter erst hinzustellen, wenn es etwa die Umgebungstemperatur erreicht hat.

Das Betteln am Tisch ist verboten!

Hungertage sind Unsinn

Die häufig gehörte Empfehlung, es sei gut für Hunde, sie 1 Tag in der Woche hungern zu lassen, entbehrt jeder Grundlage. Lieber sollten Sie mäßig, aber regelmäßig füttern, als den Hund mit einem Hungertag zu bestrafen. Eine ein- bis zweitägige Fastenperiode ist allerdings angezeigt, wenn Hunde Durchfall oder Erbrechen haben (siehe Seite 80 f. und Seite 81 f.). Wasser muß aber unbedingt immer verfügbar sein.

Betteln verboten

Wer kennt das nicht? Sobald Sie anfangen, für sich selbst oder für die Familie zu kochen oder Ihre Mahlzeit einzunehmen, sitzt der Hund vor Ihnen und schaut Sie aus seinen treuen Hundeaugen unendlich leidend und hungrig an, so dass es ausgesprochen schwer fällt, nicht schwach zu werden und wenigstens ab und zu einen kleinen Happen unter den Tisch fallen zu lassen. Manchmal genügt schon der Gang in Richtung Küche, um das Betteln auszulösen. Das Vermeiden dieses Verhaltens ist eine reine Erziehungsfrage. Am besten gewöhnt man den Hund bereits im Welpenalter daran, dass er außer zu seiner festgesetzten Fütterungszeit weder am Tisch noch in der

Küche etwas bekommt. Entscheidend ist, dass Sie eine größere Ausdauer haben als Ihr Hund, konsequent bleiben und ihn immer wieder an seinen Platz (möglichst weit vom Tisch entfernt) schicken. Mit dieser Strategie können Sie auch die hartnäckigsten Bettler kurieren, notfalls werden sie eben während der Mahlzeiten rigoros aus dem Essraum verbannt.

Wenn während des Kochens oder Essens Reste anfallen, die der Hund erhalten soll, heben Sie sie auf und geben Sie sie seiner nächsten Mahlzeit hinzu. Ihr Hund soll sein Futter auf keinen Fall mit Ihrer Nahrung in Zusammenhang bringen.

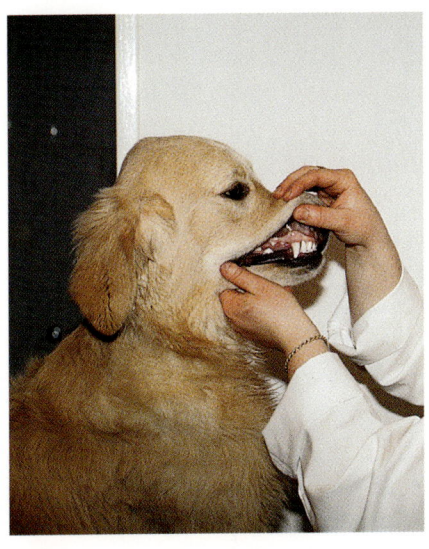

Lassen Sie das Gebiß Ihres Hundes regelmäßig untersuchen

Verfüttern von Tischresten

Nicht alles, was von Ihren Mahlzeiten übrig bleibt, ist auch für Ihren Hund gut. Stark gewürzte Speisereste sollten nicht verfüttert werden. Auch von Fleisch- und Fischgerichten übrig gebliebene Knochen oder Gräten gehören nicht in den Hundenapf, sondern in den Abfalleimer. Sehr gut hingegen können Sie Reste von Kartoffeln, Reis oder Gemüse (wenn nicht zu stark gewürzt) der Ration Ihres Hundes zumischen. Dabei sind jedoch einige Regeln zu beachten:

◆ Nicht sofort am Tisch oder in der Küche füttern, sondern die Reste aufheben und der nächsten regulären Mahlzeit beigeben (siehe „Betteln verboten" Seite 42 f.).

◆ Bedenken Sie, dass Tischreste in der Regel einen sehr hohen Energiegehalt haben, daher muss die Menge des üblichen Futters natürlich dementsprechend reduziert werden.

◆ Tischreste sind unmineralisiert (bis auf den Salzzusatz) und können bei Tieren mit einem entsprechend hohen Bedarf (z. B. Welpen!) oder auch bei sehr großen Mengen zu einer Verdünnung der Nährstoffe (vor allem der Mineralstoffe und Vitamine) in einen kritischen Bereich hinein führen. Wenn Sie nicht sicher sind, wie viel Tischreste Sie verfüttern können, fragen Sie den Tierarzt.

Wichtig: Auf keinen Fall sollten Sie Ihrem Hund Tischreste geben, wenn er unter einer Herz-Kreislauf-Erkrankung leidet; auch Hunde müssen – wie Menschen – bei einer derartigen Erkrankung eine salzarme Diät erhalten!

Das Problem der Zahnsteinbildung

Die Frage, ob über bestimmte Futtermittel die Zahngesundheit, vor allem der Besatz mit Zahnstein, positiv beeinflusst werden kann, liegt nahe. Die Neigung zur Zahnsteinbildung hängt unter anderem von der Speichelzusammensetzung und den anatomischen Gegebenheiten in der Maulhöhle ab.

Viele Hunde bevorzugen leider Pfützen oder abgestandenes Wasser vor frischem Leitungswasser

Die Speichelzusammensetzung unterliegt sehr starken individuellen Schwankungen und lässt sich durch die Fütterung kaum beeinflussen. Ebensowenig können die Anordnung der Zähne und die Zahnstellung verändert werden. Die einzig wirksame Vorbeugemaßnahme besteht also – genau wie beim Menschen – in der mechanischen Entfernung der Plaque, der Vorstufe des Zahnsteins. Dies muss – wiederum genau wie beim Menschen – über regelmäßiges Zähneputzen (bitte mit spezieller Zahnpasta für Tiere!) geschehen. Allenfalls unterstützend können einige Ernährungsmaßnahmen wirken: Die gelegentliche Gabe von unzerkleinertem, rohem Rinderschlund, Kauknochen aus getrockneter Büffelhaut oder auch von speziellem Futter (den Tierarzt danach fragen), das die Zahnreinigung unterstützen soll, wie auch die Verwendung bestimmter Spielzeuge wie z. B. Kauseile stellen eine sinnvolle Ergänzung zum regelmäßigen Zähneputzen dar. Bedenken Sie jedoch, dass diese Futtermittel bzw. Spielzeuge nur an den Zähnen wirksam werden, mit denen der Hund sie benagt. Alle anderen bleiben ungereinigt, daher ist und bleibt das Zähneputzen die wirksamste Methode zur Vorbeugung gegen Zahnsteinbildung.

Bitten Sie Ihren Tierarzt, regelmäßig das Gebiss und die Maulhöhle Ihres Hundes zu untersuchen. Falls das Tier bereits Zahnstein hat, muss dieser vom Arzt mit einem Ultraschallgerät schonend entfernt werden. An einem sauberen Gebiss ist die regelmäßige Zahnpflege viel effektiver als am bereits mit Zahnstein besetzten.

Wasser

Dem Hund muss an einem dafür bestimmten Platz frisches Wasser jederzeit frei zugänglich sein. Häufig kann man beobachten, dass Hunde lieber abgestandenes Wasser aus Pfützen oder Regentonnen saufen. Dagegen ist nichts einzuwenden, sofern keine schädlichen Stoffe enthalten sind wie z. B. Putzmittel in Putzwasser. Der Gefahr, dass der Hund durch die Aufnahme von Pfützenwasser an der Infektionskrankheit *Leptospirose* erkrankt, kann man durch regelmäßige Impfungen vorbeugen. Manchmal kann man den Hund jedoch schon dadurch dazu bewegen, aus seinem eigenen Napf zu trinken, dass man das Wasser nicht zu häufig wechselt. Allerdings sollte der Napf wenigstens jeden dritten Tag gründlich gereinigt werden, wenn Futterpartikel hineinfallen oder das Wasser auf andere Art verunreinigt wird, auch häufiger.

Fütterung des Welpen und des Junghundes

Auch für neugeborene Hunde ist Muttermilch wichtig

In den ersten 3 bis 4 Lebenswochen bekommen Welpen sämtliche Nährstoffe, die sie benötigen, über die Muttermilch. Die erste Milch der Hündin zu Beginn der Säugeperiode, das sogenannte *Kolostrum,* enthält zusätzlich Abwehrstoffe gegen Infektionskrankheiten, die Antikörper. Für die Produktion bzw. die Qualität des Kolostrums ist die richtige Ernährung der Mutter Voraussetzung (siehe Kapitel „Fütterung der Zuchthündin" Seite 69 ff.). Die neugeborenen Hunde sollten diese Milch möglichst sofort aufnehmen, da sie die besonderen Inhaltsstoffe nur bis etwa 24 Stunden nach der Geburt verwerten können. Da aber auch schon während der Trächtigkeit Antikörper vom Blut der Mutter an die noch Ungeborenen weitergegeben wurden, ist die Aufnahme nicht unbedingt lebensnotwendig.

Äußerst wichtig hingegen ist die Versorgung mit Energie aus der Muttermilch, da neugeborene Hunde nur geringe Energiereserven besitzen. Daher muss man gerade während der ersten Stunden darauf achten, dass sie Muttermilch trinken.

Die allmähliche Entwöhnung

Wenn die Welpen 3 bis 4 Wochen alt sind, kann man mit der Beifütterung beginnen, bei Bedarf auch schon einige Tage früher, z. B. wenn die Hündin zu stark abmagert oder zu wenig Milch hat.

Die Umstellung von Muttermilch auf Beifutter bedeutet natürlich eine Belastung für den kleinen Organismus, es tritt häufig Durchfall oder zumindest weicher Kot auf. Daher sollten Sie einen solchen Futterwechsel allmählich durchführen.

Wichtig: Futterumstellungen sollten generell über einen Zeitraum von mehreren Tagen hinweg erfolgen, sonst können sie Verdauungsstörungen verursachen.

Unser Tipp

Zum Kontrollieren, ob die neugeborenen Welpen Muttermilch zu sich nehmen, ist es hilfreich, sie in den ersten beiden Lebenstagen etwa alle 12 Stunden zu wiegen. Falls die Welpen nicht zunehmen, sollten Sie sicherheitshalber Ihren Tierarzt um Rat Fragen.

Von der Konsistenz her empfiehlt sich Dosenfutter, das man zunächst mit etwas Wasser verrührt; Trockenfutter muss erst eingeweicht werden. Zudem ist Feuchtfutter energiereicher, schmackhafter, besser zu zerkleinern und damit für den Welpen leichter aufzunehmen und so insgesamt besser geeignet, den hohen Energiebedarf von Saugwelpen zu decken. Anfangs empfiehlt sich auch eine Mischung aus Milchaustauscher (siehe Kapitel „Aufzucht mutterloser Welpen" Seite 59 ff.) und Feuchtalleinfutter mit etwas Weizenkleie, die Sie möglichst vier- bis fünfmal täglich in kleinen Mengen anbieten. Was innerhalb von maximal 30 Minuten nicht gefressen wird, sollten Sie wegwerfen.

Das endgültige Absetzen erfolgt in der Regel im Alter von 8 bis 10 Wochen, eventuell auch schon früher. Dabei entwöhnt man die Welpen durch allmähliches Erhöhen der Beifuttermenge, bis man sie gar nicht mehr bei der Mutter trinken lässt.

Wie viele Mahlzeiten pro Tag?

Das richtet sich nach dem Alter der Welpen; mit 8 bis 10 Wochen sollten sie mindestens 4-mal täglich gefüttert werden, bei Welpen mit 4 bis 5 Monaten reichen 3 Rationen pro Tag.

Bis zum Alter von 3 bis 4 Wochen reicht Muttermilch als alleinige Nahrung

Da Hunde kleiner Rassen schneller erwachsen werden, kann man sie schon nach $1/2$ Jahr auf 2 Fütterungen umstellen. Dagegen sollten Welpen großer Rassen erst mit etwa 10 Monaten 2 Mahlzeiten täglich erhalten. Bei ausgewachsenen Hunden reicht dann in der Regel 1 Mahlzeit pro Tag.

Unser Tipp

Leckerlis geben Sie bitte nur bei gelungenen Erziehungsübungen bzw. bei erfolgreichem Training, damit sich der Hund nicht das Betteln zwischen den Mahlzeiten angewöhnt. Deshalb verzichten Sie besser auch auf „Zwischenmahlzeiten".

Der spezielle Nährstoffbedarf von Welpen und Junghunden

Sie stellen ganz besondere Ansprüche an ihre Nahrung, da der Organismus mit dem Wachstum eine spezielle Leistung erbringt. Einerseits wird die Körpermasse aufgebaut, weshalb der Welpe mehr Nährstoffe, Eiweiß, Mineralstoffe und Vitamine braucht als der erwachsene Hund, andererseits steigt durch die meist größere Bewegungsaktivität der Bedarf an Energie, sodass der Welpe davon ebenfalls mehr benötigt als ein erwachsener Artgenosse. Wie viel an Nährstoffen er täglich aufnehmen muss, hängt von seinem Alter, seinem aktuellen Gewicht und dem zu erwartenden Endgewicht (abhängig von Rasse und Gewicht der Elterntiere) ab. So brauchen Welpen großer Rassen im Verhältnis mehr als die kleiner Rassen. Immerhin erreichen Hunde in der Regel in nur 1 Jahr ihr Endgewicht, das ja 60 kg und mehr betragen kann –

Unser Tipp

Um zu gewährleisten, dass der Nachwuchs auch wirklich das für ihn bestimmte Futter bekommt, sollten Sie die Hündin in einem anderen Raum füttern.

ein Mensch braucht hierfür bekanntlich etwa 15 Jahre. Ein Mangel an einzelnen Nährstoffen kann sich somit beim wachsenden Hund schneller negativ auswirken als beim Menschen.

Die Gefahr der Überversorgung

Falsche Ernährung kann besonders zwischen dem 3. und dem 6. Lebensmonat – und hier vor allem bei Welpen großer Rassen – bleibende Schäden zur Folge haben. Häufig kommt es zu einer Überversorgung mit Energie, die ein zu schnelles Wachstum nach sich zieht. Da die Welpen aber nicht verfetten, sondern nur schnell wachsen und dabei häufig auch noch sehr dünn aussehen, wird dieser Fütterungsfehler meist erst zu spät erkannt. Man muss sich das so vorstellen, dass sowohl die Knochen länger werden als auch die Muskelmasse zunimmt, die – jungen – Knochen aber noch weich und formbar bleiben. So lastet ein zu hohes Gewicht auf ihnen, und auch der Muskelzug ist zu stark für sie. Hierdurch kann es zu Fehlstellungen der Beine kommen oder es wird der Ausbildung ererbter Skeletterkrankungen (z. B. der Hüftgelenksdysplasie = HD) Vorschub geleistet.

Um eine zu schnelle Aufzucht zu vermeiden, ist konsequente Kontrolle nötig. Dazu gehören

◆ regelmäßiges Wiegen (z. B. immer sonntags vor dem Füttern)

◆ genaues Abwiegen bzw. Abmessen der Futtermenge möglichst durch eine bestimmte Person

◆ gezielter Einsatz von Belohnungen und

◆ das Vermeiden „außerplanmäßiger" Fütterung (z. B. bei Tisch).

In der nachstehenden Tabelle finden Sie Richtwerte, für die Überprüfung des Gewichts.

Richtwerte für die Gewichtskontrolle

am Ende des ... Lebens- monats	bei mittelgroßen Rassen (Endge- wicht: 20 kg)	bei großen Ras- sen (Endge- wicht: 35 kg)	bei Riesenras- sen (Endge- wicht: 60 kg)	bei Doggen (Endgewicht: 60–70 kg)
2.	4,4 kg (22 %)	7 kg (20 %)	9,6 kg (16 %)	9,1 kg (14 %)
3.	7,4 kg (37 %)	12,2 kg (35 %)	16,8 kg (28 %)	16,9 kg (26 %)
4.	10,4 kg (52 %)	16,8 kg (48 %)	24 kg (40 %)	24,7kg (38 %)
6.	14 kg (70 %)	22,8 kg (65 %)	36 kg (60 %)	38,4 kg (59 %)
12.	19 kg (95 %)	29,8 kg (85 %)	48 kg (80 %)	

Die Prozentzahlen geben an, wie viel Prozent vom erwarteten Endgewicht das Gewicht im jeweiligen Monat ausmacht.
Angaben nach Meyer/Zentek (siehe Anhang Seite 93)

Rezeptvorschlag 1 für den wachsenden Hund (Angabe der Zutaten in Gramm pro Tag)				
erwartetes Erwachsenen- gewicht ca. (kg)	5	10	20	35	60
3. Monat					
Rindergulasch	60	100	180	250	380
Magerquark	60	100	180	250	380
Reis	20	30	50	70	80
Weizenkleie	3	8	10	10	15
Speiseöl	5	10	15	30	35
Vitakalk®[1]	3	6	12	22	30
4. Monat					
Rindergulasch	70	120	230	300	400
Magerquark	70	120	230	300	400
Reis	25	40	55	85	100
Weizenkleie	5	10	15	15	30
Speiseöl	8	15	20	40	60
Vitakalk®[1]	4	8	15	25	35
5.–6. Monat					
Rindergulasch	80	130	230	320	500
Magerquark	80	130	230	320	500
Reis	25	45	60	90	120
Weizenkleie	5	10	15	20	30
Speiseöl	10	15	25	40	70
Vitakalk®[1]	4	8	15	20	35
7.–12. Monat					
Rindergulasch	90	140	250	350	550
Magerquark	90	140	250	350	550
Reis	25	50	70	90	130
Weizenkleie	8	10	20	20	30
Speiseöl	10	15	30	40	80
Vitakalk®[1]	3	5	10	15	25

Rezeptvorschlag 2 für den wachsenden Hund
(Angabe der Zutaten in Gramm pro Tag)

erwartetes Erwachsenen-gewicht ca. (kg)	5	10	20	35	60
3. Monat					
Kopffleisch, Rind	60	100	170	250	350
Pansen, grün	60	100	170	250	350
Kartoffeln, gek.	60	120	150	300	300
Möhren, gerieben	10	20	30	40	40
Speiseöl	2	3	10	15	30
Vitakalk®[1]	3	6	12	22	30
4. Monat					
Kopffleisch, Rind	70	120	200	300	400
Pansen, grün	70	120	200	300	400
Kartoffeln, gek.	70	150	200	300	400
Möhren, gerieben	10	20	30	40	50
Speiseöl	5	5	15	20	40
Vitakalk®[1]	4	8	15	25	35
5.–6. Monat					
Kopffleisch, Rind	80	130	200	300	500
Pansen, grün	80	130	200	300	500
Kartoffeln, gek.	100	150	250	350	600
Möhren, gerieben	10	30	40	40	50
Speiseöl	5	10	20	25	40
Vitakalk®[1]	4	8	15	20	35
7.–12. Monat					
Kopffleisch, Rind	90	140	220	320	550
Pansen, grün	80	140	220.	320	550
Kartoffeln, gek.	100	150	300	300	600
Möhren, gerieben	20	30	40	40	50
Speiseöl	5	12	20	30	40
Vitakalk®[1]	3	5	10	15	25

Rezeptvorschlag 3 für den wachsenden Hund (Angabe der Zutaten in Gramm pro Tag)					
erwartetes Erwachsenen- gewicht ca. (kg)	5	10	20	35	60
3. Monat					
Hühnchenfleisch	50	80	150	250	350
Rinderherz	50	80	150	250	350
Hüttenkäse	20	30	40	50	75
Nudeln, gekocht	200	300	450	650	800
Weizenkleie	5	5	15	20	20
Äpfel	25	25	50	50	75
Speiseöl	5	12	20	35	60
Vitakalk®[1]	3	7	13	22	30
4. Monat					
Hühnchenfleisch	70	100	200	300	500
Rinderherz	70	100	200	300	500
Hüttenkäse	20	30	40	50	100
Nudeln, gekocht	250	350	550	700	1 000
Weizenkleie	5	10	20	20	30
Äpfel	25	50	50	50	100
Speiseöl	5	15	25	50	70
Vitakalk®[1]	5	8	18	25	40
5.–6. Monat					
Hühnchenfleisch	70	120	200	300	550
Rinderherz	70	120	200	300	550
Hüttenkäse	20	30	50	75	100
Nudeln, gekocht	270	400	600	800	1 200
Weizenkleie	5	10	20	20	30
Äpfel	25	50	50	75	100
Speiseöl	10	15	30	50	80
Vitakalk®[1]	4	8	15	22	45

Rezeptvorschlag 3 für den wachsenden Hund (Angabe der Zutaten in Gramm pro Tag)					
7.–12. Monat					
Hühnchenfleisch	70	120	230	320	600
Rinderherz	70	120	230	320	600
Hüttenkäse	30	40	50	75	100
Nudeln, gekocht	300	400	650	800	1200
Weizenkleie	5	10	20	20	30
Äpfel	25	50	50	75	100
Speiseöl	10	20	35	60	80
Vitakalk®[1]	4	6	10	15	25

[1] = oder ein ähnlich zusammengesetztes vitaminiertes Mineralfutter

Auch ein Zuviel an Mineralstoffen und Vitaminen ist schädlich. Deshalb dürfen Sie bei der ausschließlichen Gabe eines Alleinfutters oder eines Spezialfutters zur Welpenaufzucht keinerlei Mineralfutter zusätzlich verabreichen. In Sonderfällen holen Sie sich lieber den Rat Ihres Tierarztes ein.

Die Gefahr der Unterversorgung
Ein weiteres Problem ist die Unterversorgung mit einzelnen Nährstoffen. An erster Stelle steht hier die unausgewogene Versorgung mit Calcium und Phosphor. Sie kann bei selbstgemachten Rationen ohne ausreichende Zuteilung eines Mineralfutters auftreten oder aber bei Verwendung eines kommerziellen

Alleinfutters, das mit weiteren Einzelfuttermitteln gemischt wird. Ein *Beispiel:* Ein Welpe bekommt ein Alleinfutter und zusätzlich zwei Esslöffel Speiseöl, ein Pfund Quark, ein Stück Rindfleisch, ein wenig Reis oder Kartoffeln vom Tisch, Obst und natürlich Belohnungen. Insgesamt deckt er so nur einen Teil seines Energiebedarfs über das Welpenfutter, den Rest aber über calciumarme Zusätze. Es ergibt sich ein Mangel an Calcium und an anderen Mineralstoffen sowie an Vitaminen.
Stellen Sie also das Futter selbst her oder mischen Sie das Komplettfutter mit unmineralisierten Zutaten, dann entsteht ohne eine entsprechende Ergänzung schnell eine Mangelernährung.

Wenn der West-Highland-Terrier erwachsen ist, hat er einen geringeren Nährstoffbedarf als im Welpenalter

Fütterung des erwachsenen Hundes

Der Nährstoffbedarf des erwachsenen Hundes, der nur normal aktiv ist (inklusive täglich 2 bis 3 Stunden Spazierengehen), unterscheidet sich deutlich von dem wachsender Hunde oder dem z.B. säugender Hündinnen. Der Energiebedarf und auch der Bedarf an Eiweiß, Mineralstoffen und Vitaminen ist niedriger, und daher kommt es leicht zur Überversorgung mit diesen Nährstoffen. Einem gesunden Hund bereitet dies zwar keine Probleme, trotzdem aber können Sie mit einfachen Mitteln diesem geringeren Bedarf von vornherein Rechnung tragen.

Bei der Verwendung von industriellem Alleinfutter sollten Sie auf zusätzliche Vitamin- und Mineralstoffpräparate verzichten. Eventuell können Sie seine Nährstoffdichte ein wenig verringern, indem Sie Dosenfutter mit etwas Haferflocken oder Reis bzw. Trockenfutter mit etwas Fleisch kombinieren (siehe auch Kapitel „Fertigfutter" Seite 14 ff.). Für den erwachsenen Hund eignen sich auch Produkte, die z.B. als Erhaltungsfutter bezeichnet sind.

Wichtig: Industrielles Erhaltungsfutter ist als Alleinfutter konzipiert und darf daher *nicht* mit unmineralisiertem Einzelfutter wie etwa Reis oder Fleisch kombiniert werden, da

eine solche Mischung zu einer „Nährstoffverdünnung" führen würde.

Wenn Sie für Ihren Hund selbst kochen, können Sie die Rationen ganz genau an seinen Bedarf anpassen. Rezeptbeispiele mit Mengenvorschlägen für Hunde mit unterschiedlichem Körpergewicht finden Sie in der nachfolgenden Tabelle.

In der Regel genügt beim erwachsenen Hund eine einmalige Fütterung pro Tag. Lediglich wenn sehr kohlenhydratreiches Futter (Trockenfutter, Flocken) verwendet werden, ist es sinnvoll, die Ration auf zwei Mahlzeiten pro Tag zu verteilen. Bei Riesenrassen, schlechten Fressern und empfindlichen Tieren ist eine dreimalige Fütterung zu empfehlen.

Rezeptvorschläge für den erwachsenen Hund (Angabe der Zutaten in Gramm pro Tag)

Körpergewicht in kg	5	10	15	20	30	40	60
Rezept 1							
Rindergulasch	65	100	150	180	250	310	420
Pansen, grün	65	100	140	180	250	310	420
Kartoffeln, gek.	65	100	150	180	250	310	420
Speiseöl	4	10	10	15	20	20	30
Vitakalk®[1]	3	5	8	10	15	20	30

Rezeptvorschläge für den erwachsenen Hund (Angabe der Zutaten in Gramm pro Tag)						
Körpergewicht in kg	**5**	**10**	**15**	**20**	**30**	**40**	**60**
Rezept 2						
Schweinebauch	40	70	100	120	170	220	310
Rinderleber	5	10	15	20	30	40	50
Hüttenkäse	100	180	230	290	400	450	600
Reis, geschält	30	40	50	60	70	80	100
Welpisal®[1]	3	5	8	10	15	20	30
Rezept 3						
Hühnerfleisch	80	130	180	220	330	400	550
Ei, gekocht	30	60	60	60	60	60	60
Reis, geschält	40	50	70	100	140	180	260
Haferflocken	20	50	70	90	120	150	200
Vitakalk®[1]	3	6	8	10	15	20	30
Rezept 4						
Rinderherz	60	100	150	190	250	300	370
Magerquark	50	80	80	100	140	160	230
Rinderleber	5	10	15	20	30	40	60
Kartoffeln, gek.	300	490	580	680	950	1 200	1 700
Weizenkleie	10	15	50	70	90	110	140
Welpisal®[1]	5	8	12	15	20	25	35
Rezept 5						
Schweineschnitzel	80	140	200	250	350	420	560
Möhren	100	120	200	240	400	600	900
Nudeln	180	240	400	490	690	950	1300
Ei, gekocht	30	60	60	60	60	60	60
Speiseöl	5	10	10	15	20	20	30
Vitakalk®[1]	3	5	8	10	15	20	30

[1] = oder ein ähnlich zusammengesetztes vitaminiertes Mineralfutter

Ernährung in besonderen Lebens- und Leistungssituationen

Aufzucht mutterloser Welpen

Die Aufzucht eines Welpen per Hand erfordert sehr viel Zeit und eigenen Einsatz. Sie ist nur durch den Tod, eine schwere Erkrankung oder extreme Verhaltensstörungen der Mutter (sie beißt z.B. die Jungen weg) gerechtfertigt. Bei großen Würfen oder zu geringer Milchleistung der Hündin sollte man nur zufüttern. Günstig ist es, wenn die Neugeborenen zumindest die Biestmilch (*Kolostrum* = besonders zusammengesetzte Muttermilch am 1. Tag nach der Geburt) aufnehmen können.

Keine Kuhmilch verwenden

Muss man die „Mutterrolle" übernehmen, dann braucht man einen Milchersatz, dessen Zusammensetzung dem der Hundemilch möglichst ähnlich ist.

100 g Hundemilch enthalten (Angaben nach Meyer/Kienzle/Dammers – siehe Anhang S. 93):

◆ 78 g Wasser
◆ 8 g Eiweiß
◆ 9 g Fett (davon 60% ungesättigte Fettsäuren)
◆ 3 g Milchzucker
◆ 245 mg Calcium
◆ 177 mg Phosphor
◆ 80 mg Natrium
◆ 108 mg Kalium
◆ 0,7 mg Eisen
◆ 0,33 mg Kupfer
◆ 0,11 mg Zink

Kuhmilch ist ganz anders zusammengesetzt als Hundemilch – sie ist fett- und energieärmer, dafür aber zucker- und wasserreicher – und eignet sich

Die Aufzucht mit der Flasche erfordert großen Einsatz vom Hundebesitzer

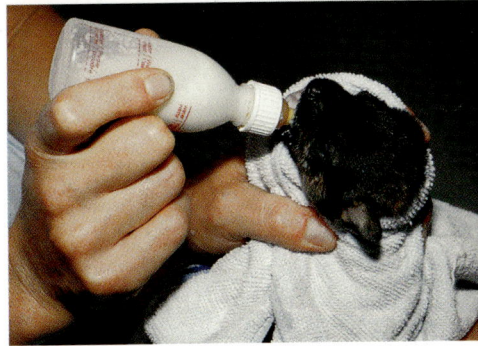

folglich nicht für Hundewelpen. Rohe Kuhmilch kann durch ihr besonderes Gerinnungsverhalten sogar zu schwersten Verdauungsstörungen führen. Es gibt daher industrielle Produkte speziell für Hunde, die mit Wasser (im angegebenen Mischverhältnis!) angerührt werden können; oder man stellt diese Mischungen selbst her.

Rezeptbeispiel für Hundemilchersatz (Angaben nach Kienzle/Landes – siehe Anhang Seite 93):
◆ 40 % Magerquark
◆ 10 % Eigelb
◆ 43 % Magermilch
◆ 6 % Speiseöl
◆ 1 % Mineralfutter (ca. 20 % Calcium, 8 % Phosphor, z. B. Welpisal® oder ein entsprechend zusammengesetztes Mineralfutter)

Diese Mischung kann in größeren Mengen hergestellt und dann in kleinen Portionen (z. B. direkt in Plastikfläschchen, die man allerdings nicht ganz vollfüllen sollte) eingefroren werden. Vor dem Verfüttern muss man die Mischung am besten im Wasserbad auf Körpertemperatur (ca. 37° C) erwärmen.

Wie und wie oft füttern?

Die Kleinen sollten beim Saugen aus einer Nuckelflasche sitzen oder auf dem Bauch liegen. Zum Füttern

Die Flasche muss einen Sauger mit ausreichend großer Öffnung haben

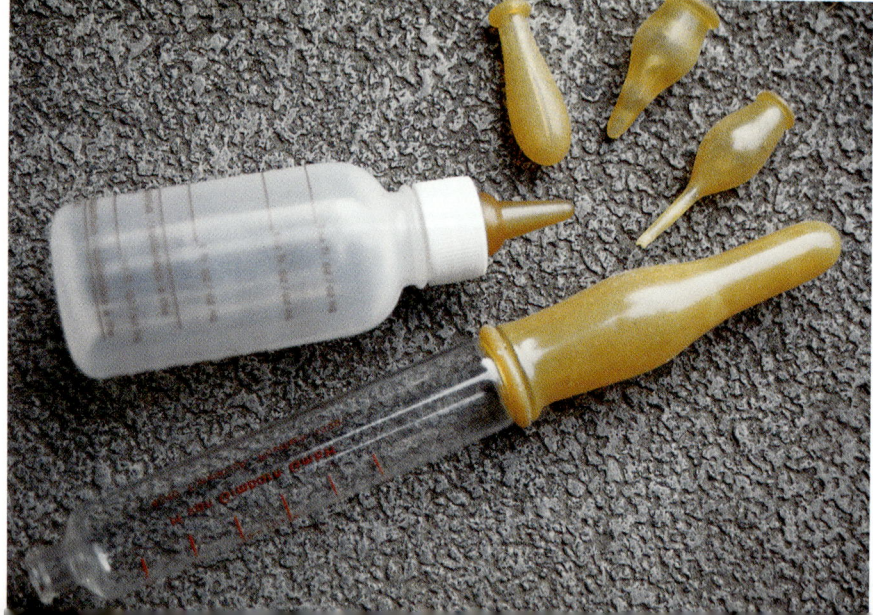

kann man auch eine Spritze benutzen, solange eine geeignete Flasche fehlt. Schwache Tiere, die nicht selbst trinken können, müssen zunächst eventuell vom Tierarzt über eine Magensonde ernährt werden.

■ In den ersten beiden Lebenswochen müssen die Welpen mindestens 6 Mahlzeiten – gleichmäßig über den Tag verteilt – erhalten. Bei kräftigen Tieren ist dabei eine Nachtruhe von höchstens 8 Stunden vertretbar. Bei älteren Welpen genügen mindestens 4 Mahlzeiten pro Tag.

Was die Welpen sonst noch an Zuwendung brauchen

Außer auf die richtige Ernährung muss natürlich auch auf richtige Haltung und Pflege geachtet werden. So brauchen die Welpen Wärme (ca. 30° C), die man mit einer Wärmflasche erzeugt, welche man mit einem Tuch umwickelt und bei jeder Fütterung neu mit warmem Wasser füllt, und ausreichende Körperpflege. Die Mutter beleckt normalerweise ihre Jungen, damit diese Kot und Urin absetzen. Diese Aufgabe müssen Sie als „Mutterersatz" übernehmen, indem Sie den Kleinen vor und nach jeder Fütterung Bauch und Afterregion massieren. Setzt ein Tier länger als 1 Tag keinen Kot ab, dann

müssen Sie zum Tierarzt. Außerdem sollten Sie zur Fellpflege den ganzen Körper ab und zu mit einem weichen Tuch – eventuell mit etwas Babyöl darauf – sanft abreiben.

Fütterung der Sporthunde

Gezielte Versorgung mit Energie und Nährstoffen

Hunde, die deutlich mehr leisten als Haushunde (d. h. mehr als täglich 2 bis 3 Stunden spazieren gehen), brauchen vor allem mehr Energie.

■ Bei kurzfristigen Höchstleistungen (z. B. bei Rennhunden) sollte dieser Mehrbedarf durch Kohlenhydrate gedeckt werden, weil sie am besten die in der ersten Phase der Muskelarbeit benötigten Glykogenreserven ersetzen können.

■ Hunde, die Dauerleistung erbringen (Schlitten-, Jagdhunde usw.), sollten die zusätzlich benötigte Energie in Form von Fetten (sehr energiereich, ohne Ballaststoffe) erhalten.

Wichtig: Der Mehrbedarf an Energie besteht nur in der Zeit, in der die Hunde effektiv mehr leisten.

Neben dem erhöhten Energiebedarf muss man weiterhin die Versorgung

Körper-gewicht (in kg)	5			10			15		
Arbeit									
Rezept 1									
Kopffleisch, Rind	70	90	130	120	150	200	160	210	280
Pansen, grün	70	90	130	120	160	210	170	210	280
Reis, geschält	40	50	60	60	80	90	80	90	140
Speiseöl	5	5	5	10	10	20	15	20	20
Korvimin HK®[1]	10	10	10	13	13	13	20	20	20
Rezept 2									
Rindergulasch	70	90	110	120	150	230	170	200	270
Rinderherz	70	90	110	110	150	220	170	200	270
Nudeln, gek.	210	270	370	280	320	360	360	400	650
Weizenkleie	10	10	15	15	15	20	20	20	30
Speiseöl	5	5	10	15	20	20	15	30	30
Korvimin HK®[1]	10	10	12	20	20	20	25	25	25
Rezept 3									
Schweinebauch	40	50	70	70	90	130	100	120	150
Hüttenkäse	120	160	220	200	250	350	300	250	500
Ei, gekocht	30	30	30	60	60	60	60	60	60
Haferflocken	30	30	40	40	50	60	50	70	100
Kartoffeln, gek.	40	80	90	70	100	140	100	170	250
Korvimin HK®[1]	10	10	12	15	15	20	25	25	25

[1] = oder ein ähnlich zusammengesetztes vitaminiertes Mineralfutter

Sporthund (Angaben in Gramm)

20			30			40			60		
210	260	350	280	350	480	350	430	600	470	590	800
210	260	350	280	340	470	350	430	600	460	590	800
100	120	180	140	170	230	160	200	270	200	250	310
15	20	20	20	30	30	30	40	40	50	60	80
30	30	30	40	40	40	60	60	60	80	80	80
200	250	340	280	350	500	350	450	600	470	600	800
200	250	340	270	350	500	350	450	600	470	570	760
500	600	750	600	720	850	670	800	120	100	130	180
30	30	40	40	40	40	50	50	60	60	70	70
20	30	40	30	40	50	40	50	60	50	60	80
30	30	30	45	45	45	55	55	55	80	80	80
110	140	180	150	180	240	170	230	310	230	300	400
360	450	650	500	650	850	650	800	100	840	105	140
60	60	60	60	60	120	120	120	180	180	180	240
70	90	130	100	130	170	110	140	200	160	200	280
200	250	300	270	350	420	350	430	520	450	600	730
35	35	35	45	45	45	60	60	60	80	80	80

Wichtig: Bei Vitamin- und Mineralstoffzusätzen müssen Sie sich dessen bewusst sein, dass bei einigen Vitaminen *(Vitamin A, D, E)* und Mineralstoffen (z.B. *Calcium, Phosphor, Selen)* ein Zuviel ebenso großen Schaden anrichten kann wie ein Zuwenig, Leistungsbeeinträchtigungen können die Folge sein. Nur auf der Basis einer sorgfältigen Rationsberechnung ist eine gezielte und damit sinnvolle Ergänzung bestimmter Stoffe möglich.

Das Futter muss genau auf den Bedarf abgestimmt sein

Das Futter für Sporthunde sollte sehr energiedicht (d. h., eine möglichst geringe Futtermenge enthält möglichst viele Kalorien = „Kalorienbombe") und schmackhaft sein und den Verdauungskanal nicht zu sehr belasten. Um eine zu starke Füllung

---

■■■ *Beim Überwinden von Kletterwänden verbraucht der Hund mehr Energie als bei ähnlicher Bewegung in der Ebene*

---

mit einigen Vitaminen und Mineralstoffen beachten, und zwar in erster Linie mit den *Vitaminen D* und *E,* den *B-Vitaminen, Vitamin C* (bei Extrembelastungen) und mit den Mineralstoffen *Calcium, Phosphor, Magnesium, Eisen, Kupfer, Zink, Mangan* und *Selen.* Auch der *Proteinbedarf* ist gering erhöht. In der Regel wird dieser Mehrbedarf allein durch die Aufnahme größerer Futtermengen leicht gedeckt.

Unser Tipp

Wenn Sie Fertigfutter verwenden, dann sollten Sie für Ihren „Sportler" entweder sogenanntes Alleinfutter bzw. Komplett- oder Vollnahrung oder spezielle Produkte kaufen, die fürden Bedarf von Leistungshunden konzipiert sind.

Leistungshunde, wie dieses Jagdhundepaar, benötigen mehr Energie als nicht arbeitende Hunde

des Magen-Darm-Traktes in der Zeit der Belastung zu vermeiden, sollte man die Tiere etwa 2 bis 3 Stunden nach der Belastung statt kurz vorher füttern. Davor ist keine zusätzliche Mahlzeit erforderlich.

Bei schwer arbeitenden Hunden, deren Bedarf über dem Zweifachen des normalen Erhaltungsbedarfes liegt, tritt bei Verfüttern von Alleinfutter (vor allem von Trockenfutter) häufig Durchfall auf. Diese Hunde benötigen entweder ein Spezialprodukt oder eine ganz gezielt auf ihren Bedarf abgestimmte, selbst hergestellte Ration. Für diejenigen, die selbst mischen, bietet die Tabelle auf Seite 62/63 einige Rezeptvorschläge mit Angaben zur empfohlenen Futtermenge. Dabei wird nach leichter,

mittlerer und schwerer Arbeit unterschieden:

◆ Leicht ist z. B. die Arbeit von
Blindenführhunden, Wach- und auch
Rennhunden (Kurzstrecken)

◆ mittelschwere Arbeit müssen
mäßig beanspruchte Jagd-, Meute-
und Hütehunde leisten

◆ schwere Arbeit verrichten
Schlittenhunde im Training und im
Rennen und eventuell Jagdhunde, die
viel im Wasser arbeiten.

Abhängig von der gelaufenen Strecke,
der Geschwindigkeit und individuellen Unterschieden wie z. B. auch
Stressempfindlichkeit kann der Bedarf
sowohl nach oben als auch nach
unten hin deutlich abweichen. Daher
müssen Sie den individuellen Bedarf
Ihres Hundes anhand seiner Gewichtsentwicklung (der Hund soll
sein Normalgewicht halten) heraus-
finden und die Futtermenge dementsprechend anpassen. Die Menge an
Mineralfutter bleibt jedoch in jedem
Falle unverändert.

Die Wasserversorgung
ist sehr wichtig

Von ganz entscheidender Bedeutung
für die Leistungsfähigkeit eines Hundes ist, dass er ständig frisches Wasser zur Verfügung hat. Bei Bewegung
entsteht Wärme, die unbedingt abge-
führt werden muss, sonst steigt die
Körpertemperatur an. Hunde regulie-
ren ihren Wärmehaushalt vor allem
durch Wasserabgabe über die Atem-
luft, und zwar sehr intensiviert beim
Hecheln, und nicht durch Schwitzen
wie wir Menschen. Das hat zur Folge, dass es nicht über den Schweiß
zu Mineralstoffverlusten kommt,
wie beim menschlichen Sportler,
sondern lediglich Wasser verdunstet.
Daher sollten Sie Ihrem Hund frisches
Wasser ohne Zusätze z. B. von Salz
oder Elektrolyten anbieten – bei
Dauerbelastungen auch während der
Belastung (etwa alle 2 Stunden, an
heißen Tagen stündlich).

Fütterung von Zuchthündinnen

Hier ist zwischen tragenden und säugenden Hündinnen zu unterscheiden

Was braucht eine tragende Hündin?

Es bedarf bereits im Vorfeld gründlicher und umfassender Vorbereitungen und Überlegungen, bis man sich endlich ungetrübt der Freude über einen gesunden Wurf Welpen hingeben kann. Dabei spielt auch die Ernährung der Hündin sowohl während der Trächtigkeit als auch während der Säugezeit eine wichtige Rolle.

Zum Zeitpunkt des Belegens sollte die Hündin weder zu dick noch zu mager sein, da die besten Zuchterfolge hinsichtlich Wurfgröße und Milchleistung bereits von der körperlichen Verfassung der Hündin zu diesem Zeitpunkt beeinflusst werden.

Während der ersten 4 Wochen der Trächtigkeit ändert sich der Energiebedarf der Hündin im Vergleich zum Erhaltungsstoffwechsel nicht. Erst ab der 5. Trächtigkeitswoche müssen Sie die Futtermenge um 40 bis 70% steigern, um dem erhöhten *Energiebedarf,* der sich aus dem Wachsen der Welpen in der Gebärmutter ergibt, gerecht zu werden. Dabei steigt der

Energiebedarf bei größeren Rassen stärker an als bei kleineren (bis max. 40% Mehrbedarf), weil die zu erwartende Welpenzahl mit der Körpergröße zunimmt.

Wichtig: Vermeiden Sie es unbedingt, Ihre tragende Hündin während der Trächtigkeit zu fett zu füttern, denn dies kann zu Schwierigkeiten beim Gebären führen! Nur bei Hündinnen großwüchsiger Rassen, bei denen mit einem großen Wurf (mehr als 8 Welpen) zu rechnen ist, sollte man gegen Ende der Trächtigkeit ein gewisses „Vorratsfett" angefüttert haben, um den Gewichtsverlust während der Laktation (des Säugens) in Grenzen zu halten.

Während der Trächtigkeit ändern sich auch die Ansprüche an die Nährstoffzusammensetzung der Ration, da die Hündin einen gesteigerten Bedarf an *Eiweiß, Calcium, Phosphor* und *Eisen* hat. Daher gilt jetzt als Motto für die Fütterung noch mehr als sonst: Qualität statt Quantität!

Die Eiweißqualität spielt eine große Rolle

Besonderen Wert sollten Sie auf die Qualität des Eiweißes legen: Die tragende Hündin benötigt qualitativ hochwertige Ausgangsstoffe für die Bildung und das Wachstum der Eihäute und der Früchte. Lieferanten für hochwertiges Eiweiß sind vor allem Eiweiße tierischer Herkunft, primär Muskelfleisch, Milcheiweiß aus Magermilch oder Magerquark oder Eiprotein. An Fertigfutter sollten Sie entweder Alleinfutter oder spezielle Produkte für die Zuchthündin nehmen (siehe Kapitel „Fertigfutter" Seite 14 ff.). Bei Trockenalleinfutter, können Sie die Eiweißqualität durch Zugabe von Fleisch, Magerquark, Vollmilch oder gekochten Eiern verbessern.

Für Ihre trächtige Hündin könnte eine entsprechende Ration so aussehen:

◆ 30 % Rindergulasch
◆ 10 % Magermilch
◆ 10 % Magerquark
◆ 2 % Weizenkleie
◆ 40 % gekochte Kartoffeln
◆ 5 % geriebene Möhren
◆ + 7 g Vitakalk®/10 kg Körpergewicht oder ein ähnlich zusammengesetztes vitaminiertes Mineralfutter
◆ + 2 VMP-Tabletten® pro 10 kg Körpergewicht oder ein ähnlich zusammengesetztes vitaminiertes Mineralfutter
◆ dazu eine Prise Salz und ein- bis dreimal pro Woche ein gekochtes Ei (je nach Größe des Hundes)

Wie oft füttern?

Die Anzahl der Mahlzeiten soll während der Trächtigkeit gleich sein wie vor dem Belegen, lediglich gegen Ende der Tragezeit (3 bis 4 Wochen vor dem Werfen) können Sie die Tagesration auf 1 Mahlzeit mehr verteilen.

Das richtige Füttern kurz vor der Geburt?

Falls Ihre Hündin in der letzten Woche vor dem Wurftermin an Verstopfung leiden sollte, können Sie versuchen, durch Zulage von 3 bis 5g frischer Rinderleber pro kg Körpergewicht oder durch Zugabe von etwas Weizenkleie die Darmaktivität zu unterstützen. 2 Tage vor dem Geburtstermin soll die Futtermenge auf etwa die Hälfte reduziert werden, damit der Darmtrakt entlastet wird. Frisst die Hündin am Tag vor der Geburt nicht, so ist dies vollkommen normal und kein Anlass zur Sorge.

Was braucht eine säugende Hündin?

Energie, Energie – und viele „Rohstoffe"

Die säugende Hündin hat im Vergleich zur trächtigen einen deutlich erhöhten *Energiebedarf.* Der Anstieg ist dabei abhängig von der Anzahl der Welpen, denn je mehr sie hat, desto mehr Milch muss sie produzieren, um ihren Wurf satt zu bekommen. Bis zur 3. Woche nach der Geburt steigt die produzierte Milchmenge – und damit der Energiebedarf – kontinuierlich an, während der 3. bis 5. Woche der Säugezeit ist dann der Höhepunkt des Milchflusses erreicht. Sobald Sie bei den Welpen mit der Beifütterung beginnen, können Sie allmählich die Futtermenge für die Hündin reduzieren, sofern sie dies nicht aus eigenem tut.

Zusätzlich zum erhöhten Energiebedarf stellt die säugende Hündin auch hohe Anforderungen an die Qualität des Futters. Schließlich benötigt sie für die Milchproduktion auch noch eine ganze Menge „Rohstoffe". So muss man insbesondere den erhöhten Bedarf an *Eiweiß, Calcium, Phosphor, Zink* und *Kupfer* berücksichtigen. Die Fütterung der säugenden Hündin steht also unter dem Motto: Qualität *und* Quantität!

Wichtig: Vorsicht ist bei Nährstoffergänzungen geboten – eine Überversorgung kann ebenso schaden wie eine mangelhafte Versorgung!

Das richtige Futter
An industriellen Produkten eignen sich für eine bedarfsgerechte Versorgung Alleinfutter und spezielles Futter für Zuchthündinnen. Trockenalleinfutter sollten Sie wie im Abschnitt über tragende Hündinnen beschrieben (siehe Seite 70) mit Fleisch, Milch oder Ei aufwerten.

Rezeptvorschläge für die säugende Hündin – Erhaltungsbedarf (Angabe in Gramm pro Tag)							
Körpergewicht in kg	**5**	**10**	**15**	**20**	**30**	**40**	**60**
Rezept 1							
Rindergulasch	50	80	110	140	190	230	310
Rinderherz	50	80	110	140	190	230	310
Hüttenkäse	50	80	110	140	190	230	310
Kartoffeln, gekocht	130	240	350	450	600	800	1100
Möhren, gerieben	30	50	60	80	100	120	150
Speiseöl	5	10	10	10	15	15	20
Vitakalk®[1]	10	20	30	40	60	80	120

Rezeptvorschläge für die säugende Hündin – Erhaltungsbedarf (Angabe in Gramm pro Tag)

Körpergewicht in kg	5	10	15	20	30	40	60
Rezept 2							
Schweinebauch	50	70	110	130	180	220	320
Rinderleber	10	10	15	20	30	30	40
Magerquark	80	150	200	250	350	400	550
Ei, gekocht	30	60	60	60	60	120	120
Reis, geschält	20	40	50	70	90	110	140
Weizenkleie	5	10	15	20	25	30	40
Vitakalk®[1]	10	20	30	40	60	80	120
Rezept 3							
Hühnerfleisch	70	120	180	230	320	370	540
Ei, gekocht	30	60	60	60	60	120	120
Vollmilch	60	100	140	210	280	310	500
Reis, geschält	20	40	60	70	100	120	140
Haferflocken	30	40	60	70	100	120	160
Speiseöl	5	10	10	15	20	25	40
Vitakalk®[1]	10	20	30	40	60	80	120
Rezept 4							
Rinderherz	50	90	120	150	190	250	340
Magerquark	50	80	110	150	190	250	340
Bierhefe	10	20	30	40	50	60	80
Eigelb, roh	30	30	60	60	90	90	90
Nudeln	140	250	300	400	500	650	1100
Weizenkleie	10	15	15	20	30	40	60
Speiseöl	5	15	15	20	30	40	50
Vitakalk®[1]	10	20	30	40	60	80	120

[1] = oder ein ähnlich zusammengesetztes vitaminiertes Mineralfutter

Um diese Truppe satt zu bekommen, benötigt die Mutter viel Energie und Nährstoffe

Bei einer großen Welpenzahl sollten Sie nicht ausschließlich getreidereiches Trockenfutter verwenden, sondern es mit Dosenfutter kombinieren, da es sonst aufgrund des relativ hohen Gehaltes an Kohlenhydraten Durchfall verursachen kann.

In der nebenstehenden Tabelle finden Sie wieder Rezeptvorschläge, wenn Sie selbst mischen wollen.

Wie viel frisst eine säugende Hündin?

Die in den Tabellen angegebenen Mengen beziehen sich auf den Erhaltungsbedarf der Hündin und sind natürlich entsprechend der Welpenzahl anzupassen, also müssen Sie die jeweiligen Mengen bei z.B. 4 bis 6 Welpen mit dem Faktor 3 multiplizieren. Die angegebene Menge Mineralfutter bleibt jedoch gleich! Sie gilt pro Hündin und Tag!

Als Faustregel für die Zuteilung der Futtermenge (bei Verwendung industrieller Produkte wie auch beim Selbstmischen) gilt:

◆ Hündinnen mit weniger als 4 Welpen benötigen etwa das Doppelte ihres Erhaltungsbedarfes

◆ Hündinnen mit 4 bis 6 Welpen brauchen das Dreifache

Ob Durchfall bei Ihrer säugenden Hündin durch zu hohen Stärkeanteil im Futter ausgelöst worden ist, stellen Sie durch Riechen am frischen Kot fest: riecht er sauer, sollten Sie den Dosenfutteranteil erhöhen. Ergibt sich dadurch keine Besserung, wenden Sie sich an Ihren Tierarzt.

◆ Bei einer Wurfgröße von über 6 Welpen muss man etwa das Vierfache des Erhaltungsbedarfes füttern

Ab einer Wurfgröße von 4 Welpen darf Ihre Hündin so viel fressen, wie sie mag, d. h., sie muss ständig Futter in ihrem Napf vorfinden. Damit Reste nicht verderben, geben Sie mehrmals täglich kleinere Portionen, sobald die Hündin alles aufgefressen hat.

Fütterung beim Absetzen der Welpen

Beim Absetzen der Welpen können Sie durch die Futterzuteilung das Versiegen des Milchflusses unterstützen: 1 Tag davor geben Sie der Hündin gar kein Futter, am Absetztag etwa ein Viertel des Erhaltungsbedarfes, am nächsten Tag die Hälfte und am darauffolgenden Tag etwa drei Viertel.

Am 3. Tag nach dem Absetzen kann sie wieder entsprechend ihrem Erhaltungsbedarf gefüttert werden bzw. etwas mehr Futter erhalten, wenn sie während der Laktation stark abgenommen hat.

Wichtig: Ab dem Zeitpunkt des Absetzens entspricht der Bedarf der Hündin wieder dem des erwachsenen Hundes im Erhaltungsstoffwechsel (siehe Kapitel „Fütterung des erwachsenen Hundes" Seite 55 ff.).

Fütterung des alten Hundes

Ab wann ein Hund zu den Senioren gerechnet wird hängt von der jeweiligen Rasse ab. Einige haben eine mittlere Lebenserwartung von 12 bis 15 Jahren, andere dagegen nur eine von 8 bis 10 Jahren. Grundsätzlich entspricht die Ernährung des älteren Hundes der eines ausgewachsenen Hundes im Erhaltungsstoffwechsel (siehe Kapitel „Fütterung des erwachsenen Hundes" Seite 55 ff.). Es kann also kein Verfüttern von Alleinfutter zur Überversorgung mit einigen Nährstoffen kommen, was sich bei einem gesunden Hund mit normalen Organfunktionen nicht negativ auswirkt (siehe dazu auch Seite 20).

Der Energiebedarf sinkt

Eine Besonderheit bei älteren Hunden ist der niedrigere Energiebedarf, der sich etwa ab dem 6. bis 7. Lebensjahr bemerkbar macht. Füttert man dann einfach die gleichen Mengen wie bisher, wird der Hund übergewichtig. Auch hier empfiehlt sich also eine genaue Beobachtung und Gewichtskontrolle (siehe dazu Seite 40) sowie eine Verringerung der täglichen Futtermenge um ca. 10%. Bei einigen Hunden kann auch eine drastischere Reduktion nötig werden, besonders wenn Krankheiten oder Behinderungen zu deutlichen Einschränkungen

bei der Bewegungsaktivität führen. Die tägliche Futtermenge sollte bei den Hunden, die zu Übergewicht neigen, auf maximal 2 Mahlzeiten verteilt werden.

Unser Tipp

Sollte Ihr Hund beispielsweise aufgrund von nachlassenden Geruchs- und Geschmacksempfindungen oder von Gebissproblemen schlecht fressen, dann füttern Sie ihn statt zweimal besser dreimal pro Tag

Rezeptvorschläge für den älteren Hund
(Angaben in Gramm pro Tag)

Körpergewicht in kg	5	10	15	20	30	40	60
Rezept 1							
Kopffleisch, Rind	50	80	110	130	180	220	300
Pansen, grün	50	80	110	130	180	220	300
Kartoffeln, gek.	100	160	230	300	400	500	700
Speiseöl	3	6	8	12	15	20	25
Vitakalk®[1]	2	4	6	9	13	17	26
Rezept 2							
Rindergulasch	40	70	90	120	160	200	270
Hühnerfleisch	40	70	90	120	160	200	270
Reis	40	65	90	100	140	170	240
Möhren	20	30	40	40	50	70	100
Speiseöl	3	6	8	12	15	20	25
Vitakalk®[1]	2	5	7	9	14	20	27
Rezept 3							
Rindergulasch	100	160	220	270	370	470	630
Ei, gekocht	30	60	60	60	60	60	60
Nudeln, gek.	50	100	150	200	250	300	400
Weizenkleie	3	6	8	10	15	15	20
VMP®-Tabletten	1	2	3	4	6	6	10
Welpisal®[1]	2	4	6	8	13	18	27
Rezept 4							
Rindergulasch	40	80	100	130	180	230	320
Rinderherz	40	80	100	130	180	230	250
Hüttenkäse	20	20	30	30	40	40	50
Reis	25	40	60	70	90	110	150
Speiseöl	6	8	12	15	20	25	40
Vitakalk®[1]	3	5	7	10	14	20	30

Rezeptvorschläge für den älteren Hund (Angaben in Gramm pro Tag)							
Körper-gewicht in kg	5	10	15	20	30	40	60
Rezept 5							
Rindfleisch, mager	30	60	80	100	130	160	220
Rindergulasch	30	60	80	100	140	160	220
Haferflocken	30	60	80	100	140	170	220
Leberwurst	10	10	10	15	15	25	30
Roggenbrot	30	30	30	50	50	90	120
Möhren	20	20	40	50	60	100	150
Welpisal®[1]	3	5	8	10	15	20	28

[1] = oder ein ähnlich zusammengesetztes vitaminiertes Mineralfutter

Den Nährstoffbedarf anpassen

Genauso wie beim Menschen kann es beim Hund im Alter zu Einschränkungen bei einigen Organfunktionen kommen, beispielsweise bei Leber und Niere, die für Abbau und Ausscheidung vieler Stoffwechselprodukte verantwortlich sind. Folge ist eine Anhäufung von Stoffwechselgiften, die ihrerseits wiederum schädigend auf Organe wirken kann. Beim ersten Auftreten dieser sich langsam ausprägenden Erscheinungen sind die Hunde in der Regel nur unmerklich beeinträchtigt; auch bei genauer Untersuchung vermag der Tierarzt leichte Organveränderungen noch nicht zu erkennen. Wichtig ist jetzt, die Nährstoffüberversorgung, die z.B. bei Verfütterung von Alleinfutter für Hunde vorkommt, und sich bei einem Teil der älteren Hunde lebenskürzend auswirken kann, einzuschränken. Besonders ein Überangebot an Phosphor kann negative Folgen haben; der Gehalt an diesem Element im Futter sollte gerade den Bedarf des älteren Hundes decken. Sie sollten auch verhindern, dass das Tier deutlich mehr Eiweiß aufnimmt als dem normalen Erhaltungsbedarf entspricht. Die Eiweißqualität sollte aber hoch sein; verzichten Sie daher auf Futtermittel mit hohem Anteil an schlecht

Unser Tipp

Treten deutliche Störungen der Organfunktion bei einem älteren Hund auf, fragen Sie Ihren Tierarzt nach der richtigen Diät.

verdaulichem Bindegewebe oder an pflanzlichem Eiweiß (siehe hierzu Kapitel „Selbst zubereitetes Futter" Seite 29 ff.).

Bei älteren Hunden besteht auf der anderen Seite ein etwas höherer Bedarf an Vitaminen, der durch Alleinfutter in der Regel gedeckt wird, aber bei der Herstellung eigener Rationen beachtet werden muss (siehe Rezepte Seite 76/77).

Wenn Sie Fertigfutter verwenden möchten, eignen sich Spezialprodukte für ältere Hunde (z.B. Seniorprodukte), Lightprodukte und Alleinfutter für die Erhaltung. Sie können aber auch normales Komplettfutter verwenden und die Nährstoffdichte durch Zumischen von unmineralisierten Flocken oder Reis, Kartoffeln oder Nudeln verdünnen (Mischungsverhältnis siehe Kapitel „Alleinfutter für Hunde" Seite 18 ff.).

Ratschläge für besondere Problemfälle

Was tun bei Durchfall?

Durchfall ist meist nur ein Anzeichen für verschiedene Grunderkrankungen. Eine „Magenverstimmung", eine leichte Infektion oder die Folgen einer zu raschen Futterumstellung können Sie in den Griff bekommen, wenn Sie den Hund kurz (maximal 48 Stunden) fasten lassen und er anschließend eine Diät erhält. Haben Sie allerdings den Verdacht, dass etwas Bedenklicheres hinter dem Durchfall steckt (wenn er z. B. mit Fieber und Erbrechen verbunden ist), oder aber ist nach 2 bis 3 Tagen keinerlei Besserung eingetreten, dann müssen Sie Ihre Tierärztin aufsuchen. Durchfall kann nämlich durchaus mehr als eine Kleinigkeit sein und den Patienten stark schwächen und dadurch eine mögliche Grunderkrankung verschlimmern.

Folgendes sollten Sie bei einem harmlosen Durchfall beachten:

▬ Zunächst einmal braucht der Darm Ihres Hundes ein wenig Ruhe – stellen Sie also die Fütterung für 24 Stunden total ein, d. h., legen Sie *1 Fastentag* ein (dies gilt nicht für stark geschwächte Hunde und solche mit Nierenleiden), solange Ihr Tierarzt nicht etwas anderes verordnet hat.

Wichtig: Auf keinen Fall darf die Versorgung mit Wasser fehlen. Die Flüssigkeitsverluste durch den Durchfall müssen wieder ausgeglichen werden, d. h., Ihr Hund braucht mehr Wasser als sonst.

■■■ Günstig wirkt sich die Aufnahme eines sehr dünn gebrühten, schwarzen Tees (lauwarm oder kalt anbieten!) aus. Wenn Ihr Hund das mit Tee versetzte Wasser aber nicht gern mag und nur zögernd säuft, dann stellen Sie ihm zusätzlich einen Napf mit purem Wasser zur Verfügung. Die Versorgung mit Flüssigkeit hat auf jeden Fall Vorrang!

■■■ Zur Fütterung eines Hundes mit Durchfall eignen sich in der Regel *mageres Fleisch* (z. B. Rind, Huhn oder Lamm) und *gekochter Reis,* etwa im Verhältnis 2 : 3 (= gekochter Zustand) gemischt. Ein wenig *Hüttenkäse* und/oder die *Fleischbrühe* unter die Mischung gerührt kann den Appetit steigern.

■■■ Nach dem Fastentag sollten Sie nicht sofort die gesamte normale Tagesmenge an Futter geben, sondern etwa die Hälfte. Am dritten Tag steigern Sie die Futtermenge weiter auf ca. 75 % der normalen Tagesration, wobei Sie sie auf mehrere kleine Portionen aufteilen müssen. Erst am vierten Tag gibt es dann wieder die gewohnte Menge, vorausgesetzt natürlich, der Kot ist wieder normal und fest.

Was tun bei Erbrechen?

Erbrechen ist beim Hund nicht automatisch ein Zeichen für eine ernstzunehmende Erkrankung. So ist es beispielsweise bei säugenden Hündinnen und auch bei anderen Hündinnen, die im gleichen Haushalt mit ihnen leben, absolut normal. Das vorverdaute Futter wird den Welpen erbrochen, da sie feste Nahrung noch nicht aufnehmen können. Ebenso ist Erbrechen nach zu hastiger Futteraufnahme (Futterneid?) oder nach abruptem Futterwechsel nicht verwunderlich. Anders als bei der Katze dient dagegen das Erbrechen beim Hund seltener dem Hervorbringen von Haaren, die beim Lecken/Putzen abgeschluckt wurden. Kann dieses Verhalten besonders nach Aufnahme von Gras oder ähnlichem ab und zu beobachtet werden, braucht man sich aber keine Gedanken zu machen. Das Erbrechen kann auch aufgrund zu großer Mengen Trockenfutter (Quellung im Magen), zu hastiger Aufnahme kalten Wassers oder verdorbener Futtermittel entstehen. Daher empfiehlt sich auch die Überprüfung der Fütterungspraxis und der Futtermittel. Bemerken Sie beispielsweise ranzigen Geruch oder vermuten Sie einen Befall mit Schimmelpilzen, kann das ein Hinweis auf eine falsche Lagerung sein. Erkundigen Sie sich bei Ihrem Tierarzt oder an den veterinärmedizinischen Hochschulen bzw. Universitäten nach Möglichkeiten für eine Untersuchung.

Sobald der Hund allerdings mehrmals erbricht und/oder schlechtes Allgemeinbefinden zeigt, ist *dringend* Vorsicht geboten, denn Erbrechen kann auch durch eine Krankheit hervorgerufen werden wie Verstopfung, Fremdkörper im Darm (verschlucktes Spielzeug, Steine, Kastanien usw.), eine Reizung bzw. Entzündung der Magenschleimhaut, Infektionen, aber auch Kreislaufstörungen sowie Erkrankungen innerer Organe wie der Leber oder der Niere können verantwortlich sein. Manchmal können auch psychische Belastungen den Auslöser darstellen. Ebenso wie Durchfall ist Erbrechen also lediglich ein Symptom, und daher muss natürlich die Grunderkrankung erkannt und behandelt werden.

Wichtig: Aufpassen muss man besonders, wenn das Erbrechen häufiger und zusammen mit Fieber, schlechtem Allgemeinbefinden, schlechtem oder fehlendem Appetit, Durchfall oder fehlendem Kotabsatz auftritt. Hier sollten Sie auf jeden Fall Ihren

Tierarzt aufsuchen, damit die Ursache für das Erbrechen erkannt und behoben werden kann. Gleiches gilt selbstverständlich, wenn sich Beimengungen von Blut im Erbrochenen finden. Z. B. bei einem Darmverschluss durch einen Fremdkörper darf man absolut keine Zeit verlieren.

Ist der Zustand des Hundes unbedenklich, dann können Sie zunächst eine *kurze Hungerphase* einschieben. Zumindest an dem Tag, an dem das Erbrechen auftritt, sollten Sie also nicht füttern. Da der Hund beim Erbrechen Flüssigkeit und Mineralstoffe verliert, muss ihm auf jeden Fall Wasser in ausreichenden Mengen zur Verfügung stehen. Um die Mineralstoffverluste auszugleichen, eignet sich daneben auch eine leicht gesalzene Fleischbrühe. Fühlt sich der Hund nach dem Fastentag wieder besser, dann kann mit kleinen Futtermengen (mehrere kleine Portionen pro Tag) angefüttert werden. Zeigt sich dagegen keinerlei Besserung, müssen Sie den Tierarzt aufsuchen.

Wenn das Fell nicht mehr glänzt ...

Nur ein gesunder Hund kann ein schönes Fellkleid haben. Bei stumpfem, glanzlosem oder losem Haar sollten Sie Ihren Hund daher zunächst auf vorliegende Erkrankungen (besonders Verwurmung) oder Infektionen hin untersuchen lassen. Ist hier alles in Ordnung, dann muss die Fütterung überprüft werden. Ein Mangel an einigen Fettsäuren, Vitaminen und Mineralstoffen kann der Grund für ein schlechtes Haarkleid sein. Folgende Gegenmaßnahmen bieten sich an:

■ Häufig wirkt sich die Gabe von etwas *Speiseöl* mit hohem Anteil an mehrfach ungesättigten Fettsäuren (je nach Größe des Hundes maximal 2 Esslöffel) günstig auf Haut und Haarkleid aus.

Wichtig: Denken Sie daran, dass Öl sehr energiereich ist. Um eine unerwünschte Gewichtszunahme zu verhindern, müssen Sie also die übrige Futtermenge reduzieren. Dabei darf die Dichte der anderen wichtigen Nährstoffe jedoch nicht zu stark verdünnt werden (siehe Kapitel „Alleinfutter für Hunde" Seite 18 ff.).

■ Auch eine Prise *Zinkoxid* pro Tag (verschreibt der Tierarzt bei Bedarf) gleichmäßig in das Futter eingerührt kann besonders vor und während des Fellwechsels eine positive Wirkung zeigen. Aber Vorsicht, einige Hunde mögen den Geschmack nicht, andere erbrechen, wenn die Dosis zu hoch war.

■ Ebenso kann die Gabe eines *Biotinpräparates* (nicht eines zusätzlichen Mineralfutters!) günstig sein.

Vorgehensweise bei Untergewicht

Ob ein Hund untergewichtig ist, kann man feststellen, indem man den Rippenbogen, die Hüfthöcker und andere Körperregionen (siehe auch Kapitel „Fütterungspraxis – Grundsätzliches" Seite 38 ff.) abtastet. Befindet sich kaum Unterhautfettgewebe zwischen Knochen und Haut, dann ist der Hund wahrscheinlich zu dünn. Hierbei muss man den Rassestandard beachten, da natürlich ein Windhund anders zu beurteilen ist als beispielsweise ein Labrador oder ein Bernhardiner.

Bei Welpen gestaltet sich die Einschätzung sehr viel schwieriger, weil sie in der Regel kein Fett ansetzen,

sondern bei einem Überangebot an Energie schneller wachsen. Zur Überprüfung sollten Sie sich an den Angaben zur Gewichtsentwicklung der Welpen (siehe Kapitel „Fütterung des Welpen und des Junghundes" Seite 46 ff.) orientieren. Haben Sie Schwierigkeiten bei der Einschätzung des Ernährungszustandes, so wenden Sie sich am besten an Ihren Tierarzt. Er kann auch überprüfen, ob eventuell eine behandlungsbedürftige Erkrankung den Grund für die Gewichtsabnahme darstellt.

Wissen Sie bestimmt, dass Ihr Hund untergewichtig ist, dann sollten Sie ihm *energiedichtes Futter* anbieten das ihm besonders gut schmeckt:

▬ Bei Alleinfutter eignet sich Dosenfutter am besten, da es energiedichter ist als Trockenfutter. Sie können sogar noch etwas Speiseöl hinzumischen (ca. 1 bis 2 Esslöffel pro 10 kg Körpermasse und Tag), denn Fett schmeckt dem Hund nicht nur gut, es ist auch eine echte Kalorienbombe.

▬ Stellen Sie das Futter selbst her, so nehmen Sie ebenfalls energiereiche Zutaten wie Kopffleisch, Schweinebauch und/oder Öl (siehe auch Kapitel „Selbst zubereitetes Futter" Seite 29 ff.).

▬ Außerdem sollten Sie die Zahl der täglichen Mahlzeiten erhöhen. Durch regelmäßiges Wiegen und Vergleichen des erreichten Gewichtes mit dem Idealgewicht können Sie eine Erfolgskontrolle durchführen.

Unser Tipp

Das Futter sollte zumindest Zimmertemperatur haben, besser noch angebraten werden, da es dann intensiver riecht und den Appetit stärker anregt.

Übergewicht belastet generell Knochen, Sehnen, Gelenke und schädigt Herz und Kreislauf

Wie bekämpfe ich Übergewicht?

Optimal ist natürlich das Vermeiden von Übergewicht. Daher sollte man regelmäßig das Gewicht des Hundes durch Wiegen oder Betasten (siehe Kapitel „Fütterungspraxis – Grundsätzliches" Seite 38 ff.) kontrollieren. Das Gewicht des einzelnen Tieres im Alter von 1 bis 1,5 Jahren entspricht in etwa dem Idealgewicht, an dem man sich orientieren sollte. Dieses Gewicht oder aber das geschätzte Normalgewicht halten Sie als Zielwert fest. Wie bei den Weight-Watchers sollten Sie dann mindestens einmal wöchentlich vor dem Füttern wiegen und das Gewicht notieren. So können Sie den Erfolg der Diät genau überprüfen.

Ist es aber einmal passiert und der Hund ist zu schwer, dann helfen nur eine *Verringerung der Futtermenge* und zusätzlich *mehr Bewegung.* An allererster Stelle steht der vollständige Verzicht auf Extraportionen, Leckerlis und Belohnungen. Höchstens mal ein Kauknochen (aus getrockneter Büffelhaut) zur Beschäftigung ist erlaubt, aber bitte auch nur in Maßen. Am besten, es füttert nur *eine* Person im Haushalt, dann kann es keine Missverständnisse „zu Guns-

Unser Tipp

Haben Sie in der ersten Zeit der Diät unter einem schlecht gelaunten oder bettelnden Hund zu leiden, dann empfiehlt sich über einen gewissen Zeitraum hinweg das Einmischen von Ballaststoffen wie Weizenkleie oder Futterzellulose. Außerdem ist Ablenkung hier ganz wichtig. Gehen Sie mit Ihrem Hund mehr spazieren oder fahren Sie ab und zu mal eine Runde mit dem Fahrrad. Vielleicht gibt es auch Hundesportvereine oder -gruppen in Ihrer Nähe, die Ihnen ein abwechslungsreiches Programm bieten können.

ten" des vielleicht bettelnden Hundes geben.

Das normale Futter sollten Sie nach der Energiedichte auswählen, also keine Kalorienbomben verwenden. Trockenfutter eignet sich hier besser als Feuchtfutter, da es weniger energiedicht ist. Aber Vorsicht: Lassen Sie sich nicht von der geringen Futtermenge im Napf täuschen! Weichen Sie das Trockenfutter zunächst einmal ein, dann können Sie die Futtermenge in etwa mit Dosenfutter vergleichen. Zusätzlich muss das Futter abhängig vom Grad des Übergewichts auf etwa 60 bis 80 % der bisherigen Menge reduziert werden.

Natürlich können Sie auch kommerzielle Diätfutter für übergewichtige Hunde verwenden. Ob der Einsatz eines solchen Produktes im speziellen Fall angebracht ist, besprechen Sie am besten mit Ihrer Tierärztin oder Ihrem Tierarzt.

Gras- und Kotfressen

Häufig kann man beobachten, dass Hunde beim Spazierengehen mit scheinbar großem Interesse an Gras oder auch an Pferde-, Rinder- oder

Grasfressen ist eine unbedenkliche Eigenheit des Hundes

Schafkot schnüffeln und ihn gelegentlich auch fressen. Die Ursachen für dieses Verhalten sind noch nicht zufriedenstellend geklärt. Mit ziemlicher Sicherheit handelt es sich jedoch nicht um eine Ernährungsstörung, sondern um eine Unart, denn dieses Verhalten zeigen auch richtig ernährte Hunde.

Die Aufnahme des *eigenen Kotes* hingegen kann der Hinweis auf eine ungenügende Versorgung mit Eiweiß oder Vitamin B_1 sein. Es gibt auch einige Erkrankungen des Verdauungssystems, bei denen das Fressen des eigenen Kotes als Symptom auftritt (Erkrankungen der Bauchspeicheldrü-

se, ungenügende Produktion von Verdauungsenzymen). Sollte Ihr Hund also seinen eigenen Kot fressen, so lassen Sie am besten zunächst von Ihrem Tierarzt abklären, ob bei ihm eine Erkrankung oder Mangelernährung vorliegt. Wenn nicht, so handelt es sich um eine Unart, der mit Erziehungsmaßnahmen zu begegnen ist. Ganz normales Nestpflegeverhalten ist es dagegen, wenn eine säugende Hündin den Kot ihrer Welpen frisst. Auch Saugwelpen nehmen häufiger einmal den Kot der Mutter auf.

Tabelle zur Umrechnung von Grammangaben in handelsübliche Größen

Lebensmittel	Gramm	Menge
Apfel	100	1 Stück klein
	125	1 Stück mittel
	150	1 Stück groß
	50	$^1/_2$ Apfel
	25	$^1/_4$ Apfel
Banane, Rohware	125	1 Stück klein
	150	1 Stück mittel
	200	1 Stück groß
Bratkartoffeln	30	1 EL
Brötchen	45	1 Stück
Brot, Mischbrot	30	1 Scheibe klein
	45	1 Scheibe mittel
Ei	60–65	1 Stück
	30	jeden 2. Tag 1 Ei
Futterzellulose	1,5	1 TL
	3,5	1 EL
Haferflocken	10	1 geh. EL
Honig	10	1 TL
	20	1 EL
Hüttenkäse	25	1 geh. EL
	200	1 Becher
Jogurt (3,5% Fett)	6	1 TL
	17	1 EL
	175	1 Becher
Kartoffel, Rohware	75	1 Stück klein = eigroß
	100	1 Stück mittel
	125	1 Stück groß
Kartoffelpürree, zubereitet	75	Schale flach/klein
Laktose	2,5	1 TL
	8,5	1 EL

Tabelle zur Umrechnung von Grammangaben in handelsübliche Größen

Lebensmittel	Gramm	Menge
Mais, Konserve	25	1 EL
Makrele, geräuchert	375	1 Stück mittel
Milch	5	1 TL
	15	1 EL
Mineralfutter	1–2	1 Messerspitze
(ca. 20% Ca)	4,5	1 gestr. TL
	8,5	1 geh. TL
	11,5	1 gestr. EL
	20	1 geh. EL
Möhren	50	1 Stück klein
	100	1 Stück mittel
Nudeln roh/Trockengewicht	10	1 EL
gegart/Naßgewicht	20	1 geh. EL
Speiseöl	3	1 TL
	10	1 EL
Quark	10	1 TL
	15	1 geh. TL
	20	1 EL
	30	1 geh. EL
Reis roh/Trockengewicht	5	1 TL
	15	1 EL
gegart/Naßgewicht	30	1 geh. EL
Salz	2	1 Prise/1 Messerspitze
	5	1 TL
	15	1 EL
Trockenfutter	2,5	1 TL
	6,5	1 EL

Lebensmittel	Gramm	Menge
Weizenkleie	1	1 TL
	3	1 EL
Wurst	30	je Scheibe Brot
Würstchen (Brühwürstchen)	150	1 Stück mittel
Zwieback	10	1 Stück

Tabelle zur Umrechnung von Grammangaben in handelsübliche Größen

Anhang

Wichtige Adressen

Für Fragen zur Tierernährung
Dr. Britta Dobenecker
Fachtierärztin für Tierernährung
Moosachstr. 10
85778 Haimhausen

Dr. Claudia Thielen
Fachtierärztin für Tierernährung
Hermann-Lingg-Straße 14
80336 München

Lehrstuhl für Tierernährung und Diätetik
Veterinärstraße 13
80539 München
Tel.: 089/21802506
Fax: 089/21803208

Literaturhinweise

Kienzle, Ellen/Landes, Elisabeth:
Aufzucht verwaister Jungtiere,
Kleintierpraxis 40/1995,
S. 681–685

Meyer, Helmut:
Ernährung des Hundes
Ulmer Stuttgart 1990[2]

Meyer, Helmut/Heckötter, Elke:
Futterwerttabellen für Hunde und
Katzen
Schlütersche Verlagsanstalt Hannover
1986[2]

Meyer, Helmut/Kienzle, Ellen/
Dammers, Christopher:
Milchmenge und Milchzusammen-
setzung bei der Hündin sowie Futteraufnahme und Gewichtsentwicklung
ante und post partum. Fortschritte in
der Tierphysiologie und Tierernährung, Beiheft 16/1985

Meyer, Helmut/Zentek, Jürgen:
Über den Einfluß einer unterschied-
lichen Energieversorgung wachsender
Doggen auf Körpermasse und Skelett-
entwicklung,
I. Vet. Med. A, 39, S. 130–141

Register

Register

Im FALKEN Verlag sind zum Thema Hunde u.a. bereits erschienen:
„Agility und andere Hundesportarten" (Nr. 4873), „Boxer" (Nr. 1596), „Dalmatiner"
(Nr. 1757), „Erfolgreiche Hundeerziehung" (Nr. 4808; auch als Video unter der Nr. 6198
erhältlich), „Foxterrier" (Nr. 1811), „Hovawart" (Nr. 1809), „Hundekrankheiten" (Nr. 1604),
„Komm! Sitz! Platz! (Nr. 1469), „Labrador Retriever" (Nr. 1677), „Mischlingshunde"
(Nr. 1511), „Neufundländer und Landseer" (Nr. 1644), „Setter" (Nr. 1808),
„Wenn Hunde reden könnten ..." (Nr. 4952)

Dieses Buch wurde auf chlorfrei gebleichtem und säurefreiem Papier gedruckt.

Dieses Buch entspricht den Regeln der neuen deutschen Rechtschreibung.

ISBN 3 8068 1868 X

© 1997 by FALKEN Verlag, 65527 Niedernhausen/Ts.

Umschlaggestaltung: Elisabeth Berthauer
Layout: David Barclay, Neu-Anspach
Redaktion: Dr. Gabriele Schweickhardt
Bildbeschaffung: Marlene Daniel
Titelbild: Comstock, Berlin
Umschlagrückseite: Christine Steimer, Wölfersheim
Fotos: Bildagentur IPO, Linsengericht/Altenhaßlau: S. 15, 17, 32 u., 44, 59, 60, 92;
Lothar Lenz, Cochem: S. 48, 85; **Naturfotografie Werner Layer,** Mannheim: S. 4, 6, 24, 68,
78; **Reinhard-Tierfoto,** Heiligkreuzsteinach-Eiterbach: S. 8, 37 o., 66, 80, 88;
Silvestris Fotoservice, Kastl/Lacz: S. 5; **Lenz:** S. 2/3, 56, 67, 73, 83, **Prenzel:** S. 12;
Silvestris Fotoservice, Kastl/NHPA (Dalton): S. 58; **FALKEN Archiv/Brauner:** S. 36 li., 37 u.;
T. + E. Creative Fotograf: S. 36 o., **Gerlach:** S. 31, 32 o.; **Kopp:** S. 22; **Steimer:** S. 7, 11, 16,
19, 21, 27–29, 39–43, 47, 49, 55, 64, 65, 75, 77, 87, 86, 89; **TLC:** S. 33, 35 Mitte.

Satz-/Lithobearbeitung: DM-SERVICE Mahncke & Pollmeier oHG, Rodgau
Druck: Druckhaus Cramer, Greven

817 2635 4453 6271